眾生平安
皆大歡喜

如是我聞

金剛經筆記

蔣勳

和心裏最深的自己對話

蔣勳

〈祇樹給孤獨園〉蔣勳，2024，油彩畫布，150×420×5.5cm／ 攝影 羅正傑

目錄

自序

中學時，父親送我一卷《金剛經》。當時，沒有留意。卷子放在木匣中，擱置在書架上，多年沒有打開。

一九九六年，父親彌留，匆匆趕赴溫哥華。去機場前，瞥見書架上這個木匣，隨身帶上飛機。十幾個小時飛行，忐忑不安。有幸這卷《金剛經》陪伴我。

一字一字讀誦，讀到「不驚，不怖，不畏」，熱淚盈眶。

這是父親留給我的重要功課吧，耽擱了數十年，開始認真讀誦了。

下了飛機，趕到醫院，父親仍在彌留，因此，有殊勝因緣，朗讀《金剛經》為他送行往生。

《金剛經》，一直在那裡，在祇樹給孤獨園，有聲音流傳。數百年後，集結成文字。再數百年，鳩摩羅什譯為漢文。

武則天在儀鳳元年（六七六），為母親亡故抄寫三千卷《金剛經》。

柳公權在長慶四年（八二四）書寫了《金剛經》，唯一的拓本現藏巴黎國家圖書館。

父親留給我的《金剛經》是唐代咸通九年（八六八）木刻雕版印刷的復刻版本。

咸通九年，一個叫王玠的平民，為雙親雕刻了這一部經，發願「普施」眾生。

這一件雕版，當時印刷了多少件，不得而知。其中一件，流傳到敦煌。大概在西夏國滅前後，被封存在「藏經洞」。

八百年過去，沒有人知道幽暗封閉的洞窟裡，有許多卷不同時代的《金剛經》，武則天的手抄《金剛經》，柳公權的石刻《金剛經》拓本，以及這一卷印刷史上珍貴的雕版印刷《金剛經》。

清代末期，「藏經洞」被發現。一九〇七年考古學者斯坦因把雕版印刷《金剛經》帶到英國，成為大英博物館的珍藏。

父親留給我的復刻本，是陳志皋先生於民國四十八年在台北景印出版的版本。

《金剛經》，可以靜靜封存在洞窟裡，被遺忘八百年。也可以被遺忘在書架上數十年，等候自己的因緣。

因緣聚，因緣散。愛恨恩怨，好幾世的流轉沉浮，《金剛經》帶領我靜觀因果。

如果安靜下來，可以看到眼前貪嗔、痴愛，牽連糾纏，看似複雜紛亂，其實都有因果。

《金剛經》帶領我看三千大千世界，看紛紜眾生，流浪生死，各自有各自要償還的業報，各自有各自要領受的因果。

「云何應住？云何降伏其心？」須菩提問的問題，仍是今日眾生的困惑：

「要如何安頓自己？要如何安放自己不安靜的心？」

恆河岸邊，有人細數著一粒一粒的沙。無數、無量、無邊。

三千大千世界，碎為微塵。微塵隨風飛揚，也是無數、

蔣勳手抄《金剛經》／攝影 羅正傑

無量、無邊。

我開始習慣讀誦《金剛經》。

在父親往生的床前讀誦，在母親病苦時讀誦，在朋友車禍受傷時讀誦抄寫。為眼疾有失明恐慌的朋友高聲讀誦，錄下朗讀的聲音。

希望《金剛經》不只用文字視覺安慰眾生，也可以聆聽，在聽覺裡領悟自己心跳或呼吸的頻率……

三年大疫，為認識或不認識的眾生讀誦，為離去和倖存的生命讀誦……

「卵生、胎生。濕生、化生。有色、無色……」可以一直念誦到色身的盡頭嗎？

心臟手術後，四天在加護病房。隔著布簾，聽到重症者的床推進來，不多久，親人哭泣，尾隨漸行漸遠的床，一直到長廊盡頭。

我默念《金剛經》，彷彿陪伴肉身，聲音也到長廊盡頭。

也許，沒有一個時代，比現在更容易理解《金剛經》：「一切如夢幻泡影，如露亦如電。」

我們的高興，我們的不高興，我們的貪愛嗔怒，我們以為的繁華，都快速變化，在虛擬的數位面板裡，瞬間漲，瞬間停，瞬間歡呼，瞬間失落……

蔣勳手抄金剛經
身布施如是無量百千萬億劫
以身布施若復有人聞此經典信
心不逆其福勝彼何況書寫受持
讀誦為人解說須菩提以要言
之是經有不可思議不可稱量
無邊功德如來為發大乘者說
為發最上乘者說若有人能受
持讀誦廣為人說如來悉知是
人悉見是人皆得成就不可量不
可稱無有邊不可思議功德如是
人等則為荷擔如來阿耨多羅三
藐三菩提何以故須菩提若樂小

蔣勳手抄《金剛經》。2016 年 12 月 18 日，林懷民車禍骨折，蔣勳手抄《金剛經》為他祈福消災厄。／ 攝影 羅正傑因為無常迅速，所以焦慮失控……

感謝有《金剛經》，讓我安靜下來，靜觀因果，不隨無常流轉沉浮。

多年來，因為《金剛經》，修行許多祝福與感謝。

感謝祇樹給孤獨園，在成為斷瓦頹垣之前留下如來的聲音。「無所從來，亦無所去，故名如來。」

鳩摩羅什翻譯的「如來」，如同眾生，好像來過，好像走了。

感謝成為廢墟以前城市每一日我們讚歎的繁華。

感謝一朵花，枯萎前曾經如此芬芳……

感謝一片葉子，凋零前依然風姿綽約……

感謝星辰隕落前的閃耀，感謝日昇月恆，如夢幻泡影，如露亦如電。

感謝乾涸以前，每一條大河的浩蕩與寬闊。

感謝戰爭屠殺前的和平，還沒有血流成河。

感謝你的淚水，感謝如此美麗的三千大千世界，在碎為微塵之前，我們還可以陌路相逢，擁抱，微笑，告別。

祝福每一張容顏，在衰老以前的青春華美。

即使猙獰殘厲如歌利王，我也為他念一次《金剛經》，「無有嗔恨」。

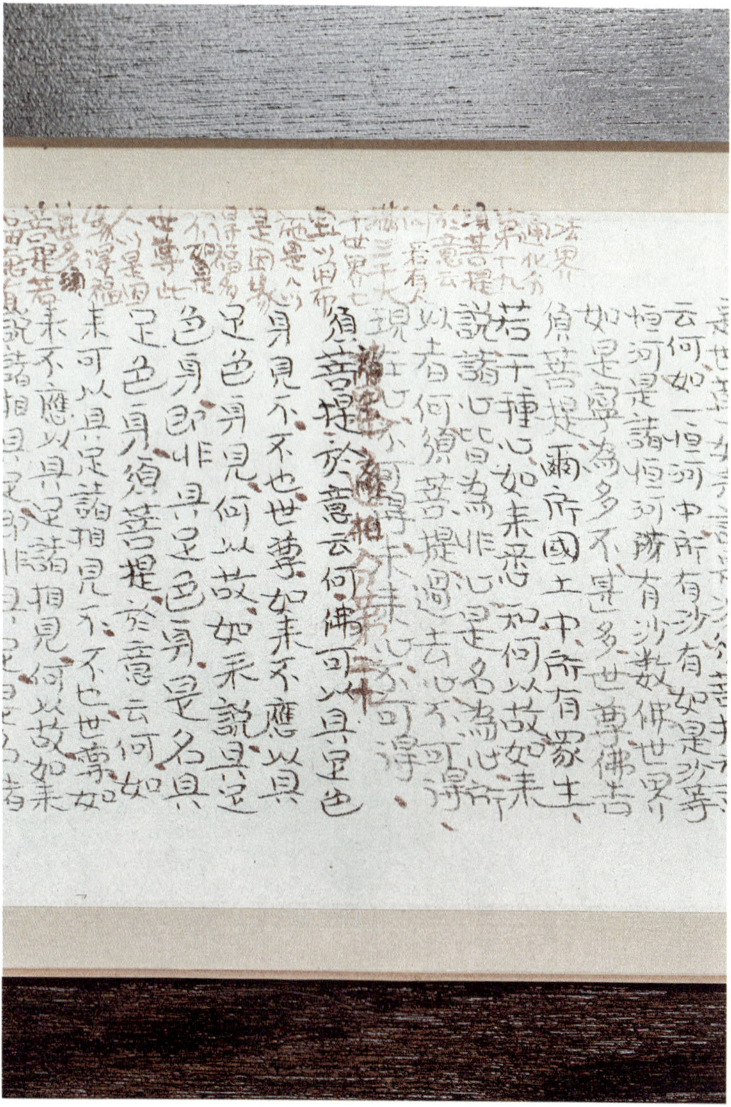
云何如一恒河中所有沙有如是沙等
恒河是諸恒河所有沙數佛世界
如是寧為多不甚多世尊佛告
須菩提爾所國土中所有眾生
若干種心如來悉知何以故如來
說諸心皆為非心是名為心所
以者何須菩提過去心不可得
現在心不可得未來心不可得
須菩提於意云何佛可以具足色
身見不不也世尊如來不應以具
足色身見何以故如來說具足
色身即非具足色身是名具
足色身須菩提於意云何如
來可以具足諸相見不不也世尊如
來不應以具足諸相見何以故如來

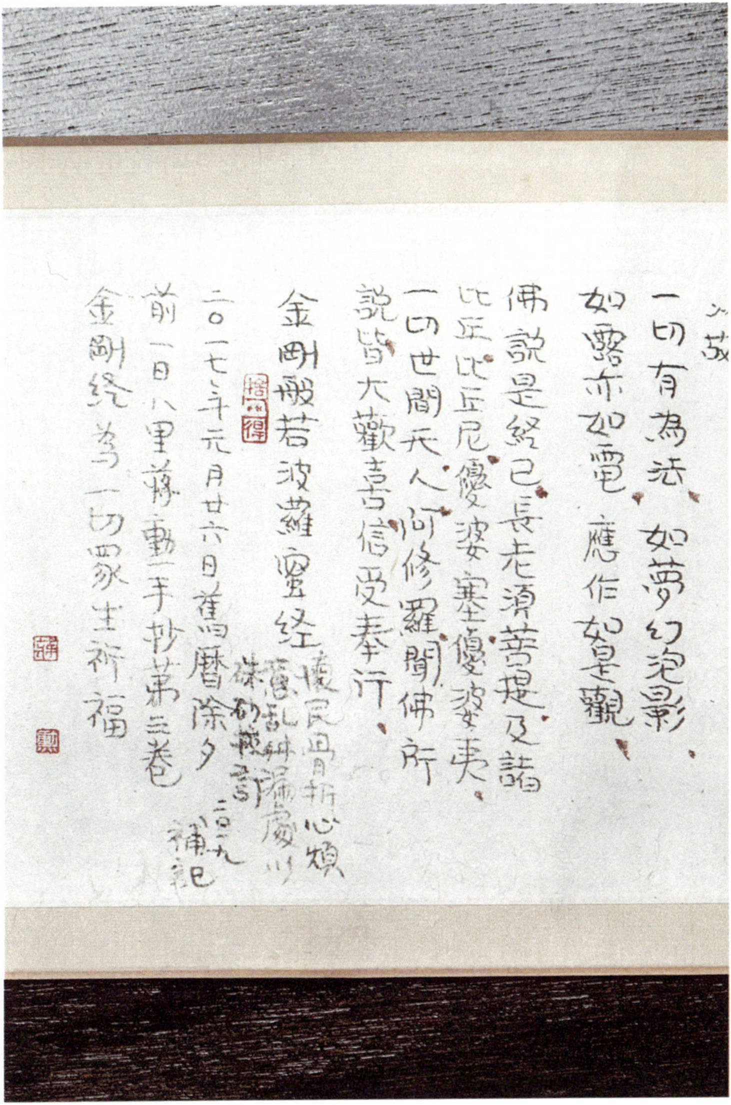

蔣勳手抄《金剛經》。2017 年的手抄本，兩年後重新校訂。蔣勳於文末補述：「懷民骨折，心煩意亂，舛漏處以硃砂校訂，二〇一九補記。」／攝影 羅正傑無我，無人，無眾生……

這一冊小小的筆記，只是我的「如是我聞」。

曾經在祇樹給孤獨園，聽葉子裡的風聲，聽大河流淌，聽到「如是我聞」。信受奉行，皆大歡喜！

金剛經筆記一

《金剛經》是一部口傳的筆記

祇樹給孤獨園

大約在距離現在三千年前左右，印度北方恆河岸邊，拘薩羅國，有一個名叫「舍衛」(Sravasti) 的都城。都城南郊，有一所花園，草木蓊鬱。花園屬於祇陀王子所有。

拘薩羅國王篤信佛教，舍衛城居民也信仰深厚，日常供養僧徒信眾。

當時僧徒有「夏安」的傳統。夏季多雨，僧眾停止出外雲遊，固定居住一處，精進修行。或靜修，或辯論對答，思考生命的真實意義。

城中富商給孤獨長老，原名「須達多」（Sudatta），因為長期供給衣物所需給孤兒、獨居老人，憐憫窮困弱勢，因此被大眾取了一個稱號「給孤獨長老」。

樂善好施的給孤獨長老，希望能提供一處夏季雨安的精舍，讓僧眾上課，也邀請受敬愛的「世尊」來開示說法，因此動念，要購置一個幽靜處所，讓大家可以居住、上課。

給孤獨長老尋找到祇陀王子的花園，覺得是適合居住上課的地方，便向祇陀王子提出購買的意願。

祇陀王子並不想賣吧，就隨意開價說：「用黃金鋪滿花園，我就賣了……」

給孤獨長老意願堅定，果真一車一車運來黃金鋪地。祇陀王子也被感動了吧，就說：「黃金都鋪在地上，樹上沒有鋪到，所以花園屬於你，樹是我的。一起供養世尊來此傳法。」

這一處因緣俱足的地方，因此用兩個人的名字命名，為「祇樹」「給孤獨」園。漢字流行地區有時簡稱「祇園」，像日本的京都。

世尊來這裡，住了二十年左右，講授《阿彌陀經》、《金剛經》，有一千二百五十人聚集在這裡，上課，發問，討論生命的真諦。

口傳金剛經

《金剛經》是一部口傳的筆記。時間大概在公元前六世紀前後，距離現在大約兩千六百年前。

早期人類思想的討論、傳布，多是依靠語言。《金剛經》開始的「如是我聞」和絕大部分佛教經典一樣，都是現場聽聞的學生，記憶下來，再轉述給更多的人。

現場聽聞，可以詳細記得，再忠實轉述，不是一件容易的事。

有人認為「如是我聞」的「我」，是阿難，世尊的堂弟，也是學生。

據說阿難記憶力特別好，就把許多當時世尊的上課內容紀錄了下來。

「紀錄」，是文字紀錄嗎？

不敢確定。從《金剛經》上課當時的公元前六世紀，一直到公元後二世紀，都沒有發現《金剛經》的文字版本。

現存最古老的梵文《金剛經》，發現在巴基斯坦吉爾吉特，考古學者只能證實最早到二世紀，也有學者認為有可能更晚。

因此，從公元前六世紀到公元後二世紀，《金剛經》一直是口口相傳嗎？還是有文字版本還沒有發現？

如果是「口口相傳」，在長達近八百年的時間中，一代又一代，可能保留多少「如是我聞」最初的原有內容？

孔子的思想也都是「述而不作」，因為「口述」，也產生了「今文」、「古文」的爭論。

目前現有資料，《金剛經》的「口述」和「文字」，中間有八百年的空白。

這八百年的空白，讓我在今天閱讀漢譯版本的《金剛經》文字時，不斷希望聽到那八百年空白裡一種震撼我的聲音。

祇樹給孤獨園裡的聲音，河流潺湲流淌的聲音，夏季雨落在樹葉上的聲音，清晨鳥雀鳴叫的聲音，出外乞食赤足走在泥土路上的聲音，世尊的聲音，須菩提的聲音，問話與回答的聲音，日復一日，落日和月升的聲音……

聲音和視覺文字十分不同。孔子和弟子，柏拉圖和學生，都是聲音的問答。還沒有寫成文字，因此很多反覆的論辯。「東方虛空，可思量不？」老師這樣詢問學生，學生說：「不可思量。」宇宙浩瀚，許多問答，還沒有答案。

文字是不是容易霸道？文字是不是容易陷於武斷？少了語言間彼此的對話，少了對話間保有的思考與斟酌？

重讀文字的《金剛經》，試試回想當初語言的問答，我們還能找回聆聽與對話的從容嗎？

千二百五十人眾

祇樹給孤獨園裡有一千二百五十人在上課。

有一次朋友問：「當時沒有麥克風，一千二百五十人要如何上課？世尊講課，下面都聽得到嗎？」

我們如今閱讀文字《金剛經》，也許不容易理解祇樹給孤獨園當時上課的情況。

是一個老師講課給一千二百五十位聽眾聽嗎？

以後上課的人越來越多，有「八千人眾」，有「一萬二千人眾」。的確是個問題，沒有擴音設備，這麼多人怎麼聽？

我在西藏，看過寺廟僧眾上課辯經，是一小組一小組。

如果，祇樹給孤獨園的上課，不是一次演講，而是持續在夏日雨季好幾個月的論辯呢？

「一千二百五十人」，似乎也不是一次就聚集完成。《普曜經》和《過去現在因果經》都有紀錄當時信眾慢慢聚集的過程：

「耶舍長者子朋黨五十人」
「優樓頻螺迦葉師徒五百人」
「那提迦葉師徒二百五十人」
「迦耶迦葉師徒二百五十人」
「舍利弗師徒一百人」
「大目犍連師徒一百人」

這麼多修行的團體，各自有「朋黨」小團體的領袖。「那提迦葉」率領二百五十人，「舍利弗」率領一百人……都在思考生命的意義，都在尋找修行的方法。

這些小團體「先事外道」，和釋迦牟尼佛倡導的思想不完全相同。

似乎當時釋迦牟尼，即使被尊稱為「世尊」、「佛」、「如來」，但還不是唯一的信仰。

有許多信仰的團體，各自用各自的思維方式修行。彼此接觸，經過辯論，經過實證，這些小團體放棄了原先的主張，參加祇樹給孤獨園的修行，經常追隨佛的教導，成為「常隨眾」。

信仰的路上，有人懷疑，有人離去，也有人加入，逐漸形成祇樹給孤獨園的「千二百五十人俱」。

用這樣的方式了解當時信仰的思辯、討論，一個信仰團體的逐漸形成壯大，從「千二百五十人」到《維摩詰經》的「八千人俱」，再聚集到《法華經》的「萬二千人俱」。

我用這樣的方式了解「祇樹給孤獨園」的口傳與信仰論辯。

在佛滅之後的六、七百年間，口傳在繼續，論辯也在繼續。據說，佛滅後，迦葉曾主持一次「集結」，討論佛陀信仰。佛滅後一百年，也有過一次「集結」。這些「集結」，是語言的論辯，還是有確定文字定稿？如果有「定稿」，為何至今沒有發現文字版本？

信仰與修行的方式，在漫長的時間裡，一代一代，被挑戰、被質疑，也同時堅定了信仰者精進的修行，逐漸在口傳中被修正，從語言口口相傳，最後定稿為文字。一部經典，成為文字，在大眾間「奉持讀誦」，開始產生巨大的影響力！

隔著兩千六百年歲月，我今天讀《金剛經》，也參加在「一千二百五十人」的隊伍中；我今天讀《維摩詰經》，也參加在當年的「八千人俱」之中。

信仰的路上，有過質疑，有過旁觀，也可能有過背叛，都在增進信仰的價值。

我喜歡基督教《新約聖經》裡關於彼得的故事。耶穌帶領十二門徒，祂走到客西馬尼園，在花園祈禱，預知將被逮捕處刑。弟子們多熟睡了，彼得醒著，守候在旁。他向耶穌表達自己的忠心。耶穌回頭對彼得說：「雞叫前，你會三次不認我。」

耶穌被逮捕了，門徒四散逃亡，彼得跟在耶穌後面。有人指認：「你也是跟隨祂的？」彼得否認了。否認、否認，再否認，如此到第三次，他聽到了雞叫。

信仰的路上，會因為現實的恐懼，背離原來以為堅定的信仰。

從口傳到文字，一部經典，要通過漫長時間無數的質疑、挑戰、污衊、禁止或屠殺，最終經典才能成就為經典。

乞食

《金剛經》一開始，就是「乞食」。

「乞食」是所有課程開始之前的一個儀式。

這個儀式，對於創立這個信仰的「悉達多」，是否有重大的意義？

是的，他曾經是太子悉達多。為了思考生命的意義，離開了王宮，捨棄王位富貴，在菩提樹下苦修六年。「世尊」，他是人世間大家尊敬的人，他也被稱為「佛」，或是「如來」。

《金剛經》三個稱呼：「世尊」、「佛」、「如來」，有什麼不同？

「世尊」好像最接近凡人的生活，他和凡人一起，穿衣、吃飯，走進繁華的城市中心。

因為他對生命的覺悟，被世人尊敬，稱他為「世尊」。

然而，他帶領學生，第一節課就是走進日常平民的生活中去「乞食」。

我一直對「乞食」困惑。

儒家的影響嗎？「乞」這個字，很負面，如「乞討」、「乞丐」。

我的教育裡強調「不乞求於人」。

我帶著《金剛經》，走到南傳佛教的地區，清邁、蒲甘，仍然有「乞食」隊伍，清晨從叢林走出，列隊到城市中心「乞食」。

身著衣，手持缽，一家一家，乞討一點食物。

我跟著隊伍走，兩千多年前「世尊」的隊伍，王子悉達

信徒前往泰國清邁參與僧侶乞食的行列 ／ 照片提供 莊豐賓、魯燕蓉

多修行後領悟了什麼？

可以放下人的傲慢，把自己放在「乞食」的低卑位置嗎？覺悟之後，被稱為「世尊」，但是每天第一件事是「乞食」，是走入常民生活中，乞求一天的食物。

據說，迦葉常去窮人家「乞食」，他說：「窮困也有施捨的善念。」

英語《金剛經》將「乞食」翻譯為「alms」。「alms」是「施捨」，在東方，是不是有更貼切的詞彙叫「供養」？

在泰國清邁，有幾次跟隨「乞食」隊伍走進城市中心，家家戶戶，都在門口迎接乞食的隊伍，男男女女跪在門前，合十敬拜，把食物放進乞食者的「鉢」中。我當時想到的不是「施捨」，而是「供養」。

站立的僧侶，接受食物，然後為跪著的眾生念一段經文。我一直思考《金剛經》這一個儀式的意義。這個儀式不是理論，兩千六百年後，在廣大的南傳佛教地區，「乞食」仍然以具體的儀式在常民生活中存在，流傳著信仰的核心價值。

「乞食」是《金剛經》第一課。是回到生活，回到「衣」、「鉢」，回到穿衣、吃飯。

「還至本處」，生命回到最終的原點，把衣服收好，把鉢洗乾淨。洗了雙腳，在樹下鋪好座位，坐著，準備上課。

「世尊」所傳，便是「衣」「鉢」二事嗎？

我們至今常用「衣」「鉢」象徵傳承，而佛陀所傳「衣」「鉢」，便是好好回到生活本身的穿衣、吃飯，這個日復一日最重要的儀式，儀式之後，才是正式上課。

須菩提從大眾中起立，彷彿代表大眾發問。

「世尊，善男子，善女人，發阿耨多羅三藐三菩提心，云何應住？云何降伏其心？」

這是第一位從古梵文漢譯《金剛經》的鳩摩羅什的譯文。

翻譯的時間大概在公元四〇一至四一三年之間。

鳩摩羅什之後，至少有六種不同的《金剛經》漢文譯本，但是，沒有一部能取代鳩摩羅什的這一本。一直到現在，我們琅琅上口的《金剛經》都是鳩摩羅什的翻譯。有時候不覺得是外來語的翻譯，「善男子」、「善女人」，這樣質樸親切，好像自己就在祇樹給孤獨園現場，也被「世尊」這樣親切的點名。

「阿耨多羅三藐三菩提」，很拗口的聲音，為什麼譯者不直接翻譯成「無上正等正覺」？

當時不通梵語的大眾，如何停頓在這九個音節上，思考生命鍥而不捨追求的最終修行？

鳩摩羅什的翻譯，彷彿錯落在淺顯直白的語意和艱澀深奧的符咒之間，讓一部漢譯《金剛經》創造了漢語文學史上獨樹一幟的美麗文體。

「云何應住？云何降伏其心？」

《金剛經》核心的發問，數千年來，不同地區，不同語言，不同文化處境，都有一樣的發問：「我要如何安心？要如何安頓自己？」

鳩摩羅什一生傳奇，顛沛流離，他似乎不是在翻譯文字，而是用自己奇幻詭譎的生命，帶領漢文世界的大眾深切領悟「云何應住？云何降伏其心？」

鳩摩羅什

我去過新疆克孜爾，古代的龜茲國，鳩摩羅什的出生地。克孜爾現在還存在許多佛教洞窟，時間比敦煌早。大概從兩漢到三國、北朝，龜茲國已經是佛教盛行的地區。

克孜爾石窟裡的壁畫直接傳承自古天竺，沒有漢化的痕跡，飛天造型稚拙，有些肩膀上隱約還有翅膀，和後期漢化飛天的飄帶祥雲十分不同。

地理概念上想到今日的新疆和印度，感覺十分遙遠。文化歷史往往有我們想像不到的脈絡。

今天的喀什米爾、阿富汗、巴基斯坦一帶，都有佛教行走傳布的足跡。高山險難，大河阻隔，沙海橫梗，烈日暴雪，都無法割斷人類的足跡。為了商業，為了信仰，荒漠間會走出一條漫長的道路。

絲綢之路是大山於荒漠間依靠綠洲連結起來的一串鏈狀的道路。龜茲，今日新疆的庫車綠洲，在塔克拉瑪干沙漠北濱，商販聚集，經濟繁榮，然而，這樣一個安逸的綠洲，四周都是險阻，一重重難關，在漫漫長途間，隨時天災人禍，會失去財物，也會喪失性命。

信仰是在瀕臨危機恐懼時重要的力量，龜茲國是一個小

鳩摩羅什像／攝影 Yoshi Canopus

國，歷來受制於四周強大敵人的侵擾，柔然、嚈噠、匈奴，都曾經控制過這個地區，漢代歷史上龜茲國有時入朝覲貢，有時宣布獨立，或依附另一強國。史書上說龜茲「叛服無常」，有時候叛離，有時候臣服，時勢使然，一個弱勢的小國，四周強敵環伺覬覦，大概也只有「叛服無常」才能生存吧！

鳩摩羅什在龜茲出生，他的父親鳩摩羅炎，從喀什米爾（即古代罽賓國）一路走來，正是那條信仰者的道路，沿著吐蕃（西藏）邊緣，通過崇山峻嶺，沿著大沙漠，烈日、暴雪，抵達龜茲國。

鳩摩羅炎據說是國相之子，因為避位出家，一路流浪到龜茲國。聽起來很像另一個悉達多放棄王位的故事。

羅炎在龜茲國大概頗有名聲，又為龜茲王強迫，娶了龜茲王的女兒，生下鳩摩羅什。

龜茲王女兒後來出家為尼，兒子鳩摩羅什也在七歲出家。母子二人，勤學佛法，據說羅什童年即可日誦經千偈。

羅什九歲，隨著母親又走上這條信仰的道路，從龜茲一路走到罽賓，跟隨罽賓王的堂弟盤頭達多學習經典。

羅什又繼續在今天青海、甘肅一帶的月氏國學習。三年後，與母親一起返回龜茲國。

羅什十三歲時，到塔克拉瑪干沙漠西部邊緣的疏勒國，登座講《轉法輪經》，這是悉達多樹下悟道後，第一次為跟隨他的五位隨侍講的經典，「初轉法輪」。

他的青少年時期，來往於絲綢之路的許多地區，罽賓、疏勒、月氏、龜茲。這些地區的文化信仰不盡相同，學習的佛教流派也常常差異很大。

觀察鳩摩羅什的修行過程，他在不同地區跟隨不同的上師，學習不同的經典，逐漸進入原始佛教的大乘信仰核心。這樣複雜的修行過程，與不同流派的論辯，是否影響了他極大的包容力，讓他準備了修行的各種條件，在他生命最後十幾年，因緣俱足，有機會參與姚秦皇室主持的漢譯佛經，用他獨特的生命歷練，進入大乘佛學經典的詮釋？《金剛經》裡，世尊教導弟子「法尚應捨」，對於虔誠的信眾，要如何分辨「法尚應捨」？「法尚應捨」，不是叛教嗎？

鳩摩羅什在信仰修行的路上，親身經驗了不可思議的「破戒」，在囂亂無常的國與國的屠殺絕滅的現實世界，他如何一字一字，把他了解的真實生命沁入《金剛經》的漢譯文字間。

我讀《金剛經》，漢譯的文字，清晨念誦，思考鳩摩羅什的譯文「受持讀誦，為人解說」，他有信心自己的翻譯即是當年佛陀一句一句的話語嗎？

漢譯《金剛經》有六種不同版本：

一、姚秦：鳩摩羅什譯本（約公元四〇一至四一三年）

二、北魏：菩提流支譯本

三、南朝陳代：真諦譯本

四、隋朝：達摩笈多譯本

五、唐代：玄奘譯本

六、唐代：義淨譯本

為什麼鳩摩羅什的《金剛經》譯本流傳廣大而且久遠？

有學者依據梵文《金剛經》，逐字校對，指出菩提流支譯本最忠實於原文，詞彙句法都亦步亦趨。然而，對漢文的讀者而言，閱讀菩提流支的《金剛經》非常辛苦，常常陷在文字的詰屈晦澀裡，無法理解文義。

思維不只是文字，信仰也不只是文字。

菩提流支翻譯上的努力，並沒有在漢字文化地區發生廣大影響。

鳩摩羅什翻譯《金剛經》之後，最有可能超越他的譯本，應該是唐代的玄奘。

漢語是玄奘母語，他留學那爛陀寺將近二十年，勤習梵文，深入佛典，他的《金剛經》翻譯，也被認為是忠實於梵文原著。

但是，玄奘的《金剛經》譯本也沒有取代鳩摩羅什譯本。

不妨擷取一段，比較兩個譯本的差異：

「一時，佛在舍衛國，祇樹給孤獨園」（鳩摩羅什）

「一時，薄伽梵在室羅筏，住誓多林給孤獨園」（玄奘）

已經有學者指出，為了忠實，玄奘譯本多出很多字。

「佛」與「薄伽梵」，「舍衛」與「室羅筏」，「祇樹」與「住誓多林」，兩位譯經大師各自有不同的關心。

鳩摩羅什是在三八四年被擄押至涼州時，才開始學習漢文的。四〇一年到長安後，他的翻譯工作有許多僧徒助理，僧肇、僧睿、道生、道融等，這些僧徒，各自在佛學思想上都成一家之言。我讀《維摩詰經》就深受僧肇注解影響。他們正是鳩摩羅什譯經過程中不可缺的助力。

鳩摩羅什在後期的譯經團體人數，已多達八百人眾。我想，這八百人眾，或許有不同流派、語言的專家，日日和鳩摩羅什進行每一個詞彙、語法的確定吧……

鳩摩羅什是一個龐大譯經團體的主持者，許多意見提出，相互辯論，最後由他裁決。

最後的裁決需要高度敏感與智慧，鳩摩羅什曾經向弟子表示「秦人好簡」，他用「簡」這個字，表達了對漢文文體特質的敏感。

鳩摩羅什譯的《金剛經》，大聲朗讀，很容易發現四個音節的基本結構。

「如是我聞」、「著衣持鉢」、「於其城中」、「次第乞已」、「還至本處」，四個字的平衡音節是來自《詩經》的傳統，是文體結構，也是傳承了漢語歌謠的音韻形式。

羅什譯的《金剛經》，可以當文學閱讀，上千年來，漢文化的知識分子，在這樣的文體裡，讀到詩的節奏韻味。

羅什從小在不同文化語言中濡染，數次來往於帕米爾高原的諸小國間，他也接觸不同信仰流派，沒有偏見主觀，兼容並蓄，成就了他為漢人譯經的偉大事業。

漢文文學的研究者，近代學者如胡適、陳寅恪都讚美他的貢獻，認為他創造了漢文文學史上獨樹一格的「譯經體」。

羅什譯《金剛經》，忠實於思想，忠實於信仰，未必拘泥於文字。也許在當時這樣的翻譯，也受到不少質疑吧？羅什做過嚴重的發誓，向大眾表示，如果譯經忠於信仰，死後得舌舍利。

《晉書．鳩摩羅什傳》最末一段講到他舌舍利的傳奇：

「以火焚屍，薪滅形碎，惟舌不爛。」

鳩摩羅什靈異神奇的傳奇不只這一件，都記載在正史《晉書》的鳩摩羅什傳記中。應當如何看待這些羅什生平中的靈異傳奇？

用現代科學的態度全部略去不談？還是務實理解在第五世紀前後，鳩摩羅什真正扮演的角色？

羅什從十三歲登座講說佛法之後，到二十歲，受「具足戒」，已是一代高僧，在西域諸國間享有盛名。〈鳩摩羅什傳〉說：「西域諸國咸伏羅什神俊，每至講說，諸王皆長跪坐側，令羅什踐而登焉。」

這些統治者，如此尊崇禮遇羅什，僅僅是因為他佛學上的成就嗎？

從生平資料上來看，羅什不只接觸大、小乘各派佛教經典，值得注意的是他也修習《吠陀》和「五明」。《吠陀》是比佛教信仰更早的古印度經典。《梨俱吠陀》、《娑摩吠陀》、《夜柔吠陀》、《阿達婆吠陀》可以追溯到公元前兩千年，比梵文還早，也是原始印度教重要的教義所在。原始印度教信仰傾向神秘主義，包含傳統詠唱、讚頌，與神鬼祭祀或祈福禳災有密切關係。

如果羅什修習《吠陀》，他的身分可能就不只是一位高僧，是不是可能有民間信仰中「巫」或「法師」的含義？而這種「祈福」、「禳災」的能力，會不會才是吸引統治者對他產生興趣，甚至發動戰爭的主因？

「五明」是五種重要的施法的技術：

「聲明」是語言念誦書寫。

「因明」是論辯。

「內明」是自己的修行，也利他人開悟。

「醫方明」是醫藥咒術。

「工巧明」是工藝，也是科技。

綜觀「五明」，應該是古印度婆羅門基本的知識訓練。

佛教興起，吸收了原始印度教的《吠陀》，也包容了婆羅門教的「五明」。羅什身上，恰好看到這樣融合的一種完美體現。

所以羅什的複雜性，也許不能只偏於一隅。而許多統治者對他感興趣，為他發動戰爭，不惜滅國爭奪，他們看重羅什的，也許恰好不是羅什佛學上的修養。

《晉書．鳩摩羅什傳》有一段有趣且值得追索的記載：

苻堅聞之，密有迎羅什之意。會太史奏云：「有星見外國分野，當有大智入輔中國。」堅曰：「朕聞西域有鳩摩羅什，將非此邪？」乃遣驍騎將軍呂光等率兵七萬，西伐龜茲。

這一段羅什生平裡的傳奇，很容易被解讀為前秦君王苻堅，仰慕羅什的佛學修行成就。

出兵七萬，討伐小國，滅掉龜茲，僅僅是為了羅什的佛學嗎？也許我誤讀了統治者對思想或信仰的尊重？

前秦君王苻堅，事先徵詢過朝中太史官的意見的。「太史」大概掌管巫卜星象，所以他夜觀星空，判定外國有大智者入駐中國。

統治者對羅什如此重視，似乎夾雜著對預言、魔法、符咒、吉凶的掌控。

苻堅心裡想的是，這個鳩摩羅什，名聲這麼大，讓西域諸國統治者信服，一定很厲害吧？

出兵七萬，滅一個國家，為了一名高僧，這個高僧的真實身分和治國上的分量輕重，或可揣測一二。

前秦建元十八年（三八二），羅什知道呂光七萬大軍前來，和龜茲王建議，這是國運將衰，氣數如此，有勁敵從東邊來，要龜茲王不要違抗，出城言和。龜茲王不聽，建元二十年，因此國滅。

呂光滅了龜茲，擄獲羅什，「見其年齒尚少」，不以為羅什有什麼厲害之處，把他當凡人戲弄。

〈鳩摩羅什傳〉裡沒有透露龜茲滅國時他的心情。龜茲是他的出生地，母親是龜茲王女，龜茲對羅什感情上如何深重，羅什親眼看到國滅，又被呂光俘虜，強押離開故土，他沒有回首頻頻嘆息落淚嗎？

史書上的鳩摩羅什常常靜觀因果。因果不是邏輯，也無是非。看清因果也無個人情緒的喜悅或感傷吧……

我是用讀〈鳩摩羅什傳〉的心情，閱讀他翻譯的《金剛經》。

羅什受過具足戒，不飲酒，戒女色。然而呂光故意戲弄，以酒灌醉，將他和龜茲王女兒關在密室，強逼羅什破淫、酒兩戒。

羅什在傳記中一步一步被呂光逼迫，走向他出家受戒的相反途徑。

羅什如何看待他一連串生命中出現意想不到的處境？

呂光是粗暴惡霸殘酷的軍人，他擄獲羅什，也沒有交給苻堅，反而在涼州自立為涼王。

羅什被呂光、呂纂軟禁了十八年，他學習漢語漢字，也正是在這難以言喻的悲苦的十八年。

彷彿用十八年的時間，做一件重要的事，他與漢譯《金剛經》有不可知的因果。

他或許開始思考，如何把他熟悉的梵語《金剛經》一個字一個字翻譯成漢文。

他或許在思考《金剛經》裡許多畫面，如何轉述成受苦中眾生的領悟。

《金剛經》有一段談到「忍辱」，這兩個漢字，不再是表面詞彙，而可能是羅什沁入骨髓的痛吧……

「如我昔為歌利王割截身體，我於爾時，無我相，無人相，無眾生相，無壽者相。」

佛陀記得他的身體，在某一世，曾經被殘暴的歌利王支解。

「我於往昔，節節支解時，若有我相，人相，眾生相，壽者相，應生嗔恨。」

《金剛經》反覆提醒的「破四相」，去除「我」、「人」、「眾生」、「壽者」，談何容易？

羅什一生，看到各種政權此起彼落，呂氏滅了龜茲，建立後涼，後秦的姚興又在弘始三年（四〇一）攻滅後涼。

如果領悟「無我相，人相，眾生相，壽者相」，可以如何看著政權的興亡，一字一句翻譯《金剛經》：「一切有為法，如夢幻泡影，如露亦如電……」

這一年十二月二十日，羅什抵達長安，姚興以國師之禮待之，非常禮遇。

但是，「國師」的真正意義是什麼？還是值得推敲。姚興又逼迫羅什收納十名妓女，羅什要如何面對他生命裡一次又一次修行的大挑戰。

帶著十名妓女，羅什離開草堂寺，另外居住。可以想見當時多少信眾僧徒對羅什行為的議論。

〈鳩摩羅什傳〉裡有這樣一段充滿神奇靈異的事件表白：「什乃聚針盈缽」，羅什拿了一碗的繡針，當眾僧面一一吞下。他說：「若能見效食此者，乃可畜室耳。」

蓄妓，一定有人把這樣傳奇的事當笑話看，但是，也可以領悟，因為修行者，走到「忍辱」路上，正如一針一針吞嚥下喉嗎？

十歲左右，鳩摩羅什在罽賓受盤頭達多教誨，學習一切有部，授《雜藏》，中、長二《阿含經》。

遊歷西域諸國，接觸更多流派，二十歲以後，修習大乘經論，羅什再回罽賓，為老師盤頭達多講「一乘」。也許他此時領悟，「乘」是一種方便，並不是分別心。

佛陀晚年說「一乘」教義，統合信仰。

盤頭達多大讚歎，向羅什禮拜，行弟子禮。

「一切法，皆是佛法」，這是後來羅什漢譯《金剛經》的句子。相信也是他開示給老師盤頭達多的真實領悟吧！

金剛經筆記二

鳩摩羅什漢譯《金剛經》的流傳

一、泰山經石峪《金剛經》摩崖刻石

鳩摩羅什漢譯《金剛經》，在民間產生巨大的影響，以各種不同形式流傳於大眾之間。

北齊天保年間（五五〇—五五九），山東泰安泰山經石峪的河床花崗岩山壁上，鐫刻了氣勢磅礴壯觀的摩崖刻石，就是羅什的譯文。一百年間，這部漢譯經典成為民間最大的信仰。

漢譯《金剛經》不只是一部佛經，不只是一部書，因為信仰的力量，產生像經石峪摩崖刻石這樣不可思議的製作。「摩崖刻石」是漢字流傳地區一種特殊的藝術表現，結合漢字書寫和石刻，也結合了自然山川的石壁形勢。

漢字鐫刻，用來紀念個人或事件，很早就開始。青銅器上鑄造銘文，周秦之際，也有「石鼓文」，紀錄君王行獵。

秦代以石碑鐫刻文字，宣揚國界，或為帝王歌功。「嶧山碑」、「泰山刻石」、「琅琊刻石」、「會稽刻石」是小篆漢字刻石的高峰。

「摩崖」與刻石略有不同，漢代的「石門頌」、「西狹頌」，記載褒斜古道或棧道開通，在山壁上鐫刻文字紀

泰山經石峪《金剛經》摩崖刻石 ／ 攝影 rheins

念，有一種挑戰大自然渾然天成的壯觀氣勢，結合書法、結合鐫刻，立於天地山川之間，氣象不凡，是漢字獨創的一種景觀藝術。

南北朝時期，摩崖藝術高度發展，結合佛教信仰，結合石窟開鑿，結合佛像造像，形成更為特殊的信仰創造力。

北齊的泰山經石峪《金剛經》摩崖刻石，是最具代表性的一件重要作品。

清代阮元考證，泰山《金剛經》摩崖是北齊天保年間作品。

事實上，我們對這件摩崖刻石的產生所知甚少。是誰書寫的？是誰鐫刻的？是誰動念要做這件事？

鳩摩羅什翻譯的《金剛經》約五千多字，泰山《金剛經》選擇了河床上一段花崗石岩壁，在凹凸不平的石壁上，用紅丹雙鉤書寫，再由刻工鐫刻。

字體大小不一，錯錯落落，大字可以大到七十五公分直徑，小字也有三十公分。一般說來，維持在每字五十公分直徑。

最初構想的書寫者和鐫刻者，有想過五千多字全部漢譯《金剛經》如果完成，需要多長時間？多大面積？多少人力？

這件驚人的作品，並沒有完成。信仰彷彿只是個人願力精進，與完成不完成沒有絕對關係。

羅什譯《金剛經》，有「須陀洹」、「斯陀含」、「阿那含」三段修行，「初果」、「二果」、「三果」，每一段修行得一「結果」，可是這「結果」，正是下一次修行的「開始」。

有點像觀察自然植物循環，樹結「果」，果中有「因」，循環不已。修行有階段，卻無終止。

即使修到「阿羅漢」，前面依然有更長的修行之途。

羅什這一段的譯文結尾，須菩提告知佛陀：「以須菩提實無所行，而名須菩提。」

羅什譯《金剛經》常常強調「實無所行」，「一無所得」，在沒有目的的修行長途上，拿掉了功利福德諸多「目的」，修行才還至本處，安心回來做自己吧……

我用這樣的方式看待泰山《金剛經》摩崖刻石。似乎，做這件事的人，一開始就沒有想「何時完成」？他大概在這部經文裡有了「一無所得」的領悟，面對一片堅硬的石壁，大水嘩嘩流去，天長地久，「我」能在天長地久的恆河沙裡留下什麼嗎？或者，什麼都不會留下？

泰山《金剛經》，刻成二千七百九十九字，一共四十四行。每行字數也不一樣，多的有一百二十五字，少的一行只有十個字。

沒有思考「布局」、「結構」、「行氣」、「比例」，在凹凹凸凸的崚嶒山壁上，確定一件事，他要刻《金剛經》。

偉大的願力，沒有完成，但是目前所佔的面積已經有二千零六十四平方公尺。對比著名的米開朗基羅晚一千年左右的創世紀壁畫，十四公尺寬，三十八點五公尺長，五百三十九平方公尺；泰山《金剛經》這件未完成的作品，從構想到實踐，都令人讚歎。

只有信仰的信念可以促成這樣壯觀作品的出現吧。

只有信仰的願力可以這樣義無反顧的去做一件事，如同鳩摩羅什一生走過的求法之路，荒漠、崇山峻嶺、大河瀚海，國與國的征伐興亡，都不曾阻擋他一路走去。

動手書寫，動手鐫刻，攀爬在石壁上，石壁是長年受大水沖刷的，隙縫會飄來種子，長成草叢或樹木，石壁會漫漶風化，風雨侵蝕，雷電擊打，遊客行旅踐踏，拓工任意摸搨捶拓，泰山《金剛經》一開始就日日都在毀壞，最初構想的人沒有思考這些問題嗎？

有人認為停止鐫刻與北周武帝滅佛有關，但是，這樣巨大的作品，即使不用到滅佛，個人的生命可以完成嗎？

「一切有為法，如夢幻泡影，如露亦如電……」

這樣熟悉《金剛經》的偈語，會在意「完成」或「長久存在」嗎？

「摩崖」像是要在天地山川建立下永恆，「石門頌」是紀功文字，要把人類的偉大告示在石壁上，向山川宣告。

然而，《金剛經》恰好否定了所有的「身相」。

世尊問須菩提：「可以身相見如來不？」

須菩提回答：「不可以身相得見如來。」

《金剛經》最重要的句子：「凡所有相，皆是虛妄。若見諸相非相，即見如來。」

「文字」是相，「石壁」是相，「泰山」是相，「北齊」

是相，「完成」是相，這樣面對摩崖刻石，似乎一開始就知道有一天「諸相非相」。所以，信仰是自己日復一日的工作，攀爬在石壁上，一個字一個字鐫刻，隨刻，隨漫漶；隨刻，隨消逝……

「摩崖」《金剛經》把傳統漢字的銘記功業，突然轉換到一個逆反的行動領悟。

許多人從漢字書法美學談泰山《金剛經》摩崖刻石，我思考著，當初的書寫者，當初的鐫刻著，想到的是「美學」嗎？

書寫者和鐫刻者，對每一筆線條的理解，都這樣安靜，沒有表現。每一個點、捺都不只是痕跡，而是痕跡慢慢消逝的領悟。

書法上最能追蹤到泰山《金剛經》摩崖神髓的，是近代弘一大師的抄經，他也不在意書法，放棄了「美」的刻意目的，只是專心一意抄經。

可能是在放棄了表現之後，美才浮現一二。「悲欣交集」，因此也早不在意美的身相了。

「不可以身相得見如來。」

祂好像來過，「無所從來，亦無所去，故名如來。」

《金剛經》啟發了美術史上許多創作，卻不著痕跡。

二、唐武則天儀鳳元年手抄《金剛經》

鳩摩羅什的漢譯《金剛經》，似乎成為漢字世界重要的經典。唐朝太宗時代，玄奘重新翻譯了《金剛經》，但無法取代羅什譯本的影響力。

武則天在儀鳳元年（六七六）發願，為母親抄寫三千部《金剛經》。她沒有選用新的玄奘譯本，依然是抄寫羅什的舊譯。

作為皇室的最高統治者，武則天為母親發願抄經，一抄就是三千部，意義何在？

《金剛經》裡說「不受福德」，佛告須菩提：「我今實言告汝，若有善男子、善女人，以七寶滿爾所恆河沙數三千大千世界，以用布施，得福多不？」

須菩提回答說：「甚多，世尊。」

多如恆河沙的世間七寶財物，都用來布施，福德還不多嗎？

世尊的回答是：「若善男子、善女人，於此經中，乃至受持四句偈等，為他人說，而此福德，勝前福德。」

僅僅是短短的四句偈，也可以勝過七寶布施。

這樣的文字，簡單精確，或許讓佛教信仰此後在民間發生強大影響。

尊貴如帝王，皇室貴族，擁有眾多七寶，然而，念念不忘，讓自己受持一部經，甚至四句偈，在艱難的時刻，父母亡故，至愛別離，心痛難捨，會惦記一部經或四句偈，讓自己在眾生裡同體大悲。

武則天也許一生在政治的鬥爭中，她是贏過許多對手的勝利者。但是，母親亡故，她知道生命沒有真正的「贏家」，《金剛經》讓許多現世裡的統治者從傲慢轉為謙卑，因為他們知道所有「贏」的夢幻泡影。

傳說，武則天寫過《金剛經》的〈開經偈〉：

無上甚深微妙法
百千萬劫難遭遇
我今見聞得受持
願解如來真實義

流傳至今，一千多年，許多人都從這四句偈開始讀《金剛經》。

〈開經偈〉無有褒貶，只是在無數時間流轉的劫中，忽然遭遇了，她彷彿從帝王回到了平凡眾生，很想認真聽一聽如來的聲音，了解如來真正的意義。

《金剛經》與「發願」結合，發願沒有目的，甚至「不受福德」。

須菩提也好奇詢問：「為什麼沒有福德？」

佛陀的回答很清楚：「菩薩所作福德，不應貪著。」

也許我們很難擺脫「貪著」，所以還是會大陣仗的抄經。抄經「三千部」，動用多少人力財物，以武則天的聰明，會不會也懷疑自己「貪著」？

這項抄寫工作由「書手」劉弘珪主持。「書手」或不同

佛所說義无有定法名阿耨多羅三藐三菩
提亦无有定法如来可說何以故如来所說
法皆不可取不可說非法非非法所以者何
一切賢聖皆以无為法而有差別
須菩提於意云何若人滿三千大千世界七
寶以用布施是人所得福德寧為多不須菩
提言甚多世尊何以故是福德即非福德性
是故如来說福德多若復有人於此經中受
持乃至四句偈等為他人說其福勝彼何以
故須菩提一切諸佛及諸佛阿耨多羅三藐
三菩提法皆從此經出須菩提所謂佛法
者即非佛法
須菩提於意云何須陁洹能作是念我得須

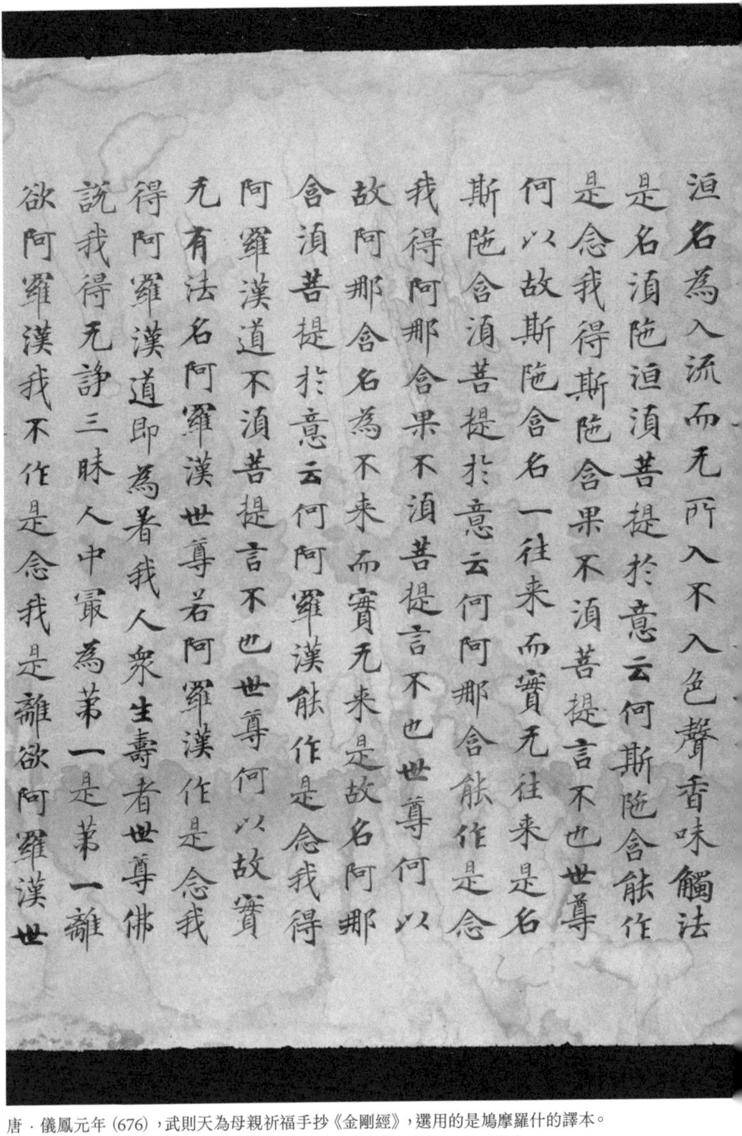

洹名為入流而无所入不入色聲香味觸法
是名須陁洹須菩提於意云何斯陁含能作
是念我得斯陁含果不須菩提言不也世尊
何以故斯陁含名一往来而實无往来是名
斯陁含須菩提於意云何阿那含能作是念
我得阿那含果不須菩提言不也世尊何以
故阿那含名為不来而實无来是故名阿那
含須菩提於意云何阿羅漢能作是念我得
阿羅漢道不須菩提言不也世尊何以故實
无有法名阿羅漢世尊若阿羅漢作是念我
得阿羅漢道即為著我人衆生壽者世尊佛
説我得无諍三昧人中最為第一是第一離
欲阿羅漢我不作是念我是離欲阿羅漢世

唐．儀鳳元年（676），武則天為母親祈福手抄《金剛經》，選用的是鳩摩羅什的譯本。這些抄寫的「書手」是職業書寫者，不強調個人風格，書體以端正工整為主。這卷從敦煌石窟裡保存下來的手抄《金剛經》，現藏北京國家圖書館。

於「書法家」，他們是職業書寫者，書寫墓誌、碑銘等工作，不強調個人風格，書體以端正工整為主。但是，細看書法撇捺，這卷手抄《金剛經》還有初唐書風的儒雅，是唐太宗仰慕的南方二王帖學的風格，與北朝刻石的漢字結構融合。

這卷從敦煌石窟裡保存下來的手抄《金剛經》，現藏北京國家圖書館。

前段有些殘缺，但是基本上完整，可以看到唐代皇室抄經的演進，字體工整漂亮，裝潢講究精緻，從書籍的演進史來看，也是令人眼睛一亮的作品。

因為是皇室抄經，不可有一點失誤。我們看到卷末，紀錄這卷抄經，動員了秘書省三次校訂，詳細註明校勘之人「蕭元信」的姓名，以及「用紙十二張」，「裝潢手」的名字都有，以示負責。

秘書省三校完畢，只是朝廷的檢查，佛學經典的正誤，還要由太原寺的「大德」、「寺主」、「上座」，再做「詳閱」。最後由「判官司農寺上林署令李善德」、「使朝散大夫守尚舍奉御閻玄道」做最後審查。

《金剛經》的抄寫卷末，留下了所有編輯工作的繁複程序紀錄，手稿書寫時代如此審慎的過程，令人歎為觀止。

一切有為法　如夢幻泡影　如露亦如電　應作如是觀

佛說是經已長老須菩提及諸比丘比丘尼

優婆塞優婆夷一切世間天人阿脩羅聞

佛所說皆大歡喜信受奉持

金剛般若波羅蜜經

儀鳳元年十一月十五日書手劉弘珪寫

用紙十二張

裝潢手解集

初校秘書省書手蕭元信

再校秘書省書手蕭元信

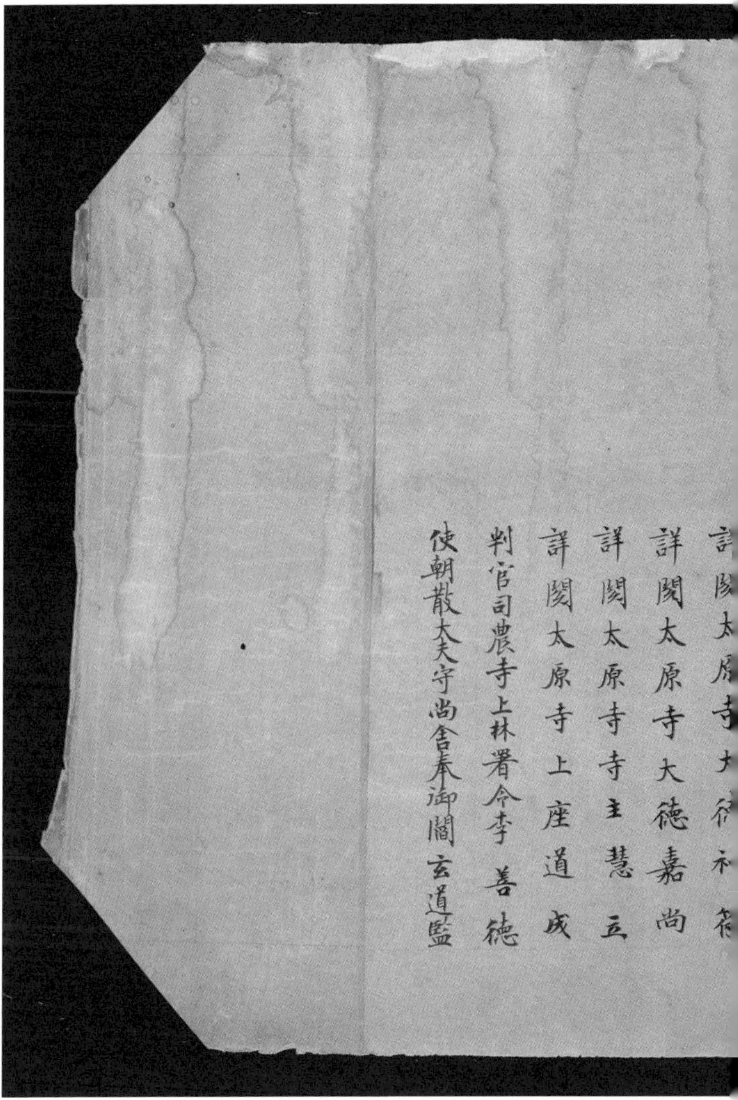

唐 · 儀鳳元年 (676) 手抄《金剛經》。因為是皇室抄經，不能有失誤。卷末紀錄了這卷抄經，動用了秘書省三次校訂，以及「書手劉弘珪寫」、「用紙十二張」等，還有如校對、詳閱、最後審查等人的名字，以示負責。

這樣龐大的手抄經書工程，大概逐漸引發人們想用更快速的印刷方式來滿足民間大量抄經的需求吧。經過一兩百年，不斷實驗，終於讓「印刷科技」完成取代手抄經書的傳統。

目前保留在大英圖書館的唐咸通九年（八六八）木板刻印的《金剛經》，被尊奉為世界印刷史的最早珍寶。

三、柳公權書寫《金剛經》拓本

唐代長慶四年（八二四），大書法家柳公權四十七歲，為「右街僧錄準公」寫了一部《金剛經》。這部《金剛經》刻成了石碑，應該樹立在寺廟中，意圖可以保存長久。沒有料到，一千多年後，石碑毀壞了，卻在敦煌石窟發現一部拓本，拓片從石碑拓下，一字未損，現藏巴黎國家圖書館，成為柳書《金剛經》「一字未損本」的稀世珍寶。

當時柳公權四十七歲，任職侍書學士、朝議郎，地位高，不同於一般「書手」。四十七歲，算是書家早期，比較柳公權六十四歲更成熟時期的「玄秘塔碑」，早二十年的《金剛經》線條更為瘦

金剛般若波羅蜜經
如是我聞一時佛在舍衛國
祇樹給孤獨園與大比丘衆
千二百五十人俱尒時世尊
食時著衣持鉢入舍衛大城
乞食於其城中次第乞已還
至本處飯食訖收衣鉢洗足
已敷座而坐時長老須菩提

念諸菩薩善付囑諸菩薩汝
今諦聽當為汝說善男子善
女人發阿耨多羅三藐三菩
提心應如是住如是降伏其
心唯然世尊願樂欲聞
佛告須菩提諸菩薩摩訶薩
應如是降伏其心所有一切
眾生之類若卵生若胎生若

唐．長慶四年（824），大書法家柳公權為「右街僧錄準公」寫了一部《金剛經》，這部經刻成石碑，千年後，石碑毀壞，卻在敦煌石窟發現了拓本。拓片從石碑拓下，是柳書《金剛經》「一字未損」的稀世珍寶。現藏巴黎國家圖書館。

硬峻利，鋒芒表露，彷彿有一種閃爍的青年颯爽之光，也是中唐時期楷書的典範。

柳公權這部《金剛經》由刻工邵建和鐫刻，保留了書法的美感。

邵建和似乎長期為柳公權的書法鐫刻石碑，二十年後，柳公權名作「玄秘塔碑」的刻工也是邵建和。唐代書法，不只書家的功夫，能忠實傳達書家風格美學細節的刻工、拓工，也都對書法史有莫大貢獻。

平面書法，刻在石碑上，有立體空間；摹拓時，再從立體轉成平面拓本，能不失原作精神，步步都需講究。這部

《金剛經》拓本，拓工也十分精緻。好書法，好刻工，好拓工，可謂書法史上的極品。

石碑鐫刻是為了直接觀看，雕版字體左右相反，純粹為了印刷，目的不同。

二十世紀初，法國漢學家伯希和從敦煌帶走大批珍貴文物，柳公權《金剛經》拓本便是其中之一。

這部《金剛經》也是用鳩摩羅什譯本，玄奘譯本已經譯出一百多年，卻始終無法取代舊的譯本。

唐代《金剛經》，無論是武則天的手抄本，或柳公權的拓本，上面都沒有「真言」或「咒語」，而再晚一點出現的懿宗咸通九年的雕版印刷《金剛經》，在結尾出現了一段「咒語」。「咒語」在元代的《金剛經》結尾大量出現，也許是值得注意的問題。

四、王玠咸通九年木刻版印《金剛經》

現由大英圖書館收藏的唐代木刻印刷《金剛經》，已是世界聞名的作品。咸通九年（八六八）也標誌為世界印刷科技的劃時代。

從武則天為亡母手寫《金剛經》後，一直有木刻印刷的經卷，在韓國、日本都有發現。但多為短小符咒，如「陀羅尼經咒」，木刻版印，大量印製，一小卷置放在小塔中，作為祈福用。

咸通九年《金剛經》是木板雕刻印刷的大作品，共用六塊木板，刻出全部五千餘字《金剛經》。卷末有「咸通九年四月十五日王玠為　二親敬造普施」註記。

雕版印刷新科技取代手寫，成為對亡者祝福的新形式。「王玠」似乎只是一般平民百姓，沒有任何官銜，一介平民，他發願為雙親刻《金剛經》，也大量印製，「普施」給大眾。《金剛經》的流傳，借助印刷，更快速大量普及於民間。

《金剛經》在民間信仰上的重大意義，無論手寫或印刷，或摩崖，或刻石，或今日數位傳輸，一念之誠，應該都是「敬造普施」吧。

這一卷《金剛經》，一九〇〇年代被英人斯坦因從敦煌帶去英國，因為印刷史上的重要意義，成為當時大英博物館的重要典藏。近年經過修繕修護，有很清晰的高畫質版在網路流通，產生更大的影響力。

大陸近幾年也有木板雕印復刻，讓大眾了解木刻版印技術的劃時代意義。

咸通九年王玠為父母「敬造普施」的雕版印刷《金剛經》，一千餘年後在敦煌石窟被發現，又被斯坦因帶到英國，成為大英博物館的典藏（後轉給大英圖書館），用來實證人類印刷科技的重要發現，其中或許也有不可思議的因果。這件作品流失國外，引起許多學者的關注。

民國四十八年，一位篤信佛教的陳志皋律師，取得了大英博物館授權，在台灣復刻了這件彌足珍貴的唐代版印《金剛經》。

一九六〇年代，我還在初中就讀，父親　克明先生不知

唐刊金剛般若波羅

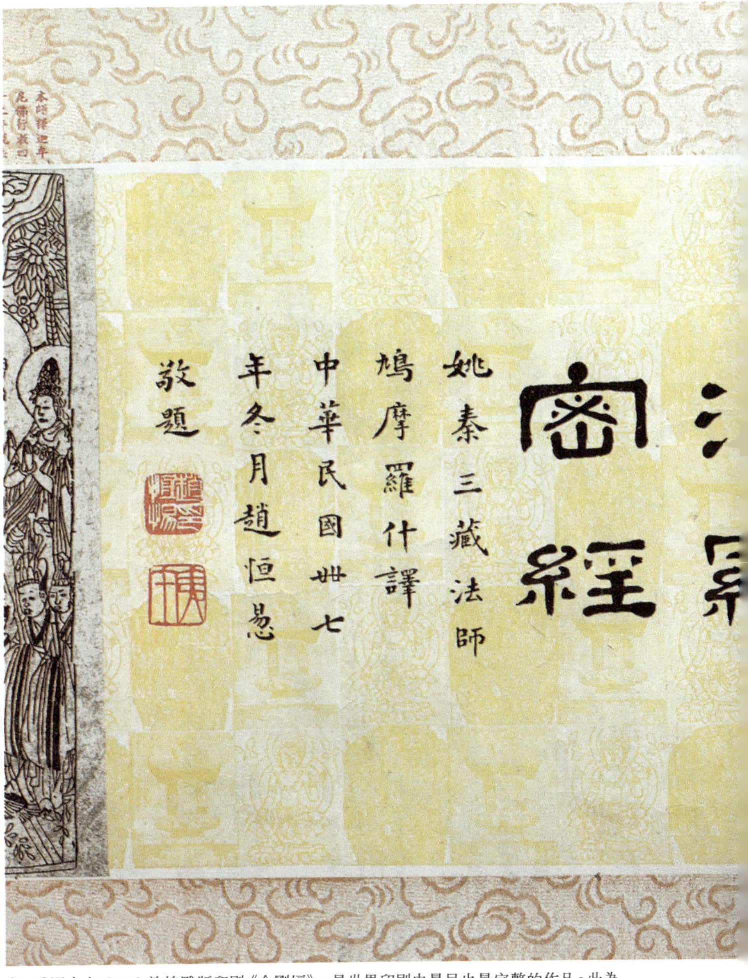

唐．咸通九年 (868) 敦煌雕版印刷《金剛經》，是世界印刷史最早也最完整的作品。此為民國 48 年復刻本。卷首有于右任題簽，趙恒惕引首，以隸書體寫出「唐刊金剛般若波羅密經」。此卷復刻本是蔣勳父親遺贈紀念。原件現藏於大英圖書館。

如何取得一件，轉交給我，成為我擁有的最早一件《金剛經》。

我當時是受洗的天主教徒，對佛經沒有接觸，這卷裝在木盒中的《金剛經》，盒面上有趙恆惕題簽「敦煌莫高窟唐刊金剛經卷子」。

打開木盒，卷子上有于右任在金柬上的題簽：「景印敦煌莫高窟舊藏大唐初刻金剛經卷子」，于右任強調「初刻」，也是標誌這卷木雕版印《金剛經》印刷史上的意義。

這卷《金剛經》，一直置放在書架上，沒有好好閱讀。

匆匆近四十年，父親一九九六年十一月在溫哥華病重，我接到訊息，臨上飛機前，看到書架上這一木盒，像是父親為我準備好的功課，因此隨身帶上飛機。

十幾個小時的飛行，忐忑不安，不知是否還有緣見最後一面。在飛行途中，我打開卷子，這卷《金剛經》給了我很大的安定力量。

打開木盒，裡面是絳色裝裱的卷子，上有于右任題簽。展開後，引首是趙恆惕的隸書「唐刊金剛般若波羅密經」，小字註記：「姚秦三藏法師鳩摩羅什譯　中華民國四十七年冬月」。

「引首」後緊接著就是唐代雕印的木板印刷原件，開首是

本師釋迦牟尼佛行教四十二年說法三百餘會其第九會說般若諸經依北傳論述推算時當中土周穆王九年戊子

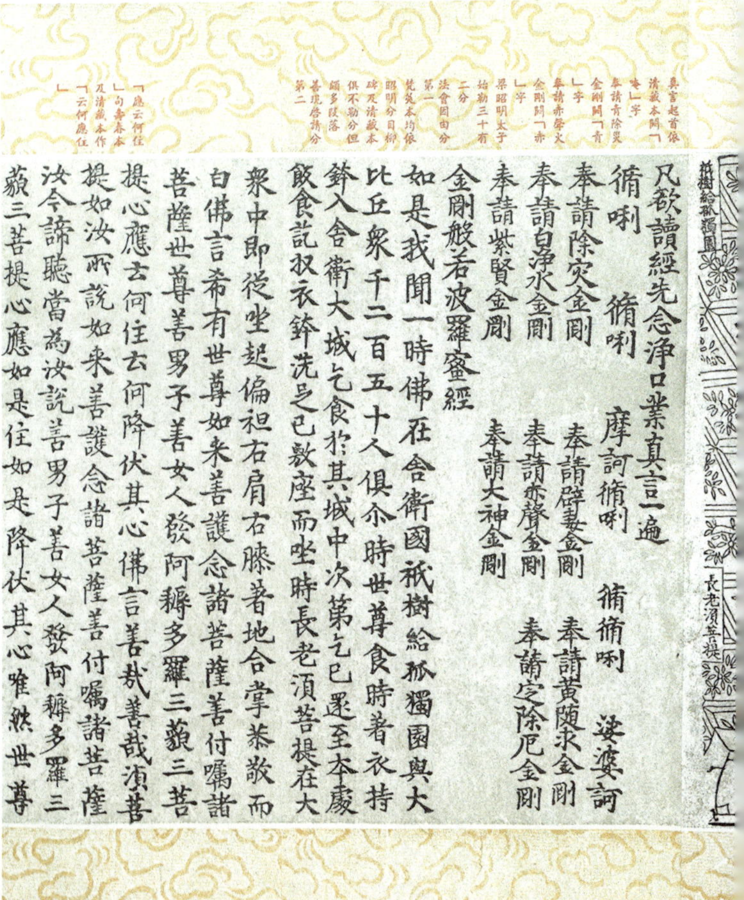

凡欲讀經先念淨口業真言一遍

脩唎 脩唎 摩訶脩唎 脩脩唎 娑婆訶

奉請除災金剛 奉請辟毒金剛 奉請黃隨求金剛

奉請白淨水金剛 奉請赤聲金剛 奉請定除厄金剛

奉請紫賢金剛 奉請大神金剛

金剛般若波羅蜜經

如是我聞一時佛在舍衛國祇樹給孤獨園與大比丘衆千二百五十人俱尒時世尊食時著衣持鉢入舍衛大城乞食於其城中次第乞已還至本處飯食訖收衣鉢洗足已敷座而坐時長老須菩提在大衆中即從坐起偏袒右肩右膝著地合掌恭敬而白佛言希有世尊如來善護念諸菩薩善付囑諸菩薩世尊善男子善女人發阿耨多羅三藐三菩提心應云何住云何降伏其心佛言善哉善哉須菩提如汝所說如來善護念諸菩薩善付囑諸菩薩汝今諦聽當為汝說善男子善女人發阿耨多羅三藐三菩提心應如是住如是降伏其心唯然世尊

唐．咸通九年 (868) 敦煌雕版印經復刻本。此卷復刻本是蔣勳父親的遺贈，當年蔣勳在父親床邊讀誦，直到往生， 也因此與《金剛經》有很深的緣分。原件現藏於大英圖書館。

一張「祇樹給孤獨園」的版畫，細陽文線刻，釋迦如來在正中，周圍大比丘眾、君王、天人阿修羅圍繞。畫面左下角是發問的「須菩提」，「偏袒右肩，右膝著地」，左上角有小字註記「祇樹給孤獨園」。

開卷有「淨口業真言」：「修唎　修唎　摩訶修唎　修修唎　娑婆訶。」

聲音的低聲讀誦，帶我進入父親彌留的狀態。因為生命艱難，要做這樣的功課，在似懂非懂的虔誠默禱裡，讓自己從驚懼慌亂中，慢慢安靜下來。

閱讀了大約三分之一，讀到「不驚，不怖，不畏」，忽然熱淚盈眶，感覺到數千年來，這麼簡單的語言，可以在艱難的時刻，安慰眾生。

彷彿在祇樹給孤獨園現場，有樹葉中的風聲，有鳥鳴，有河流波濤拍岸，有遠遠的虎或狼的嗥叫，有孔雀開屏，有呦呦鹿鳴，有長蛇游過花樹，有草叢間的蟋蟀蟲豸，「卵生、胎生、濕生、化生」，「有色、無色」，「有想、無想」，這一部經帶我進入眾生的世界，存在，或我不知道的存在，「非有想、非無想」……

「實無眾生得滅度者」，我像是要依賴一個力量度過這艱難時刻，卻又被推開，我必須回來自己修行，我不能依賴，《金剛經》彷彿拒絕了我的「依賴」。

五千多字，讀到最後，卷末一行小字「唐咸通九年四月十五日王玠為　二親敬造普施」。

王玠，一個平凡眾生，他和所有眾生一樣，有難捨的二親，他不是帝王貴族，無法像武則天動員眾多人力，以朝野的集中力量，手抄三千卷《金剛經》。但是，王玠用六塊木板，雕印《金剛經》，可以反覆印刷，普施更多需要的人。

是什麼樣的因果，下了飛機，讓我在父親彌留時，還有緣分在他床邊一次一次讀誦《金剛經》。這是他為我準備的功課，我也因此和《金剛經》有了更深的緣分。這卷《金剛經》在父親病床邊讀誦，一直到他往生，陪伴我度過重要時刻。

世界最早的雕版印刷，書體風格和武則天時代書手劉弘珪的瀟灑漂亮不同，和中唐柳公權正楷的嚴峻爽利也不一樣。

我特別喜歡這部刻印《金剛經》字體的端正樸素，沒有任何炫耀張揚，因此可以渾樸內斂，善盡忠實於經文內涵的平實。

陳志皋先生是一位律師，清代海寧陳氏後裔，上海法政大學畢業，赴巴黎專攻法律。志皋先生個人篤信佛教，注意到流失在大英博物館的這卷《金剛經》刊本，因此發願取得授權，在台灣影印發行。

卷末有志皋先生長跋，考證唐宋印刷史許多細節，用力甚勤。

跋文結尾也提到印行的動機：「先妣潘太夫人七秩仙慶，景造普施。」還是為了母親亡故，在母親七十歲冥誕時，影印《金剛經》，普施大眾。

信仰的傳承如此，文化的傳承也如此，現世的捨不得，轉化為對眾生的同體大悲。有這一卷《金剛經》，從唐代王玠開始，傳承到志皋先生，再從父親手中交給我，因此珍惜，一直帶在身邊。

民國四十八年，台灣經濟科技都還簡陋，這卷《金剛經》紙質印刷都非上品。但是註記詳實，連大英博物館的收藏書號都附在卷中，兢兢業業，認真把信仰和文化傳遞給後人。

卷子跋尾有許多人題記，包括賈景德、許世英、印順法師等。

五、南宋開慶元年壽聖寺刊本《金剛經》

唐、五代之後，印刷術盛行，日日精進，科技發展和信仰的需求相輔相成。大量印刷，推動大眾信仰；大眾信仰的需求，也同時激勵印刷科技進步。

宋代的書籍印刷到達一個高峰，不只是佛經印刷，諸子百家的書籍都有各種印刷版本。印刷進步，推動了教育普及，宋代文化的昌盛，知識分子人才輩出，印刷術的貢獻，造就了一次文化花季。

印刷佛經出現，也並不違反民間仍然保有抄經傳統，為自己，為眾生，為國家安危，為親人平安，都可能發願抄經，或出資雕版印刷，普施大眾。

世界各大博物館、圖書館，都有珍貴的《金剛經》手抄本或印刷本：武則天《金剛經》在北京國家圖書館，柳公權《金剛經》拓本在巴黎國家圖書館，王玠咸通九年印刷本在大英圖書館。

台灣的故宮博物院也有不少各個時代的《金剛經》手抄本和刻印本，因為是清皇室收藏，大概多是宋元明清歷來佛經刊印的珍品，可以借助更進步的現代數位科技，精美印刷，推廣到現代大眾之間。

二〇二四年，台北故宮和聯經出版社合作，出版了南宋壽聖寺的《金剛經》。

南宋開慶元年（一二五九），這一年，南宋理宗皇帝面臨極大的國土危機。這一年二月，蒙古大軍壓境，蒙哥汗親自攻合州。合州大約是今日四川重慶一帶。同時，忽必烈過了淮河，直逼襄陽、武漢。南宋危在旦夕。

如果讀金庸《神鵰俠侶》，都記得結尾郭靖、黃蓉死守襄陽一段的慘烈。

真實歷史大概也是人心惶惶，感覺到「國土危脆」，統治者到了無奈時刻，為國家祈福，為安定人心，下令壽聖寺住持「延福」刊印《金剛經》：「擇吉開雕，印施名山古剎，永遠讀誦。所集功德，伏願聖躬萬歲，四海永清。」

這一年七月，蒙哥汗在合州死亡，原因至今成謎。有人說是病死，又說是中箭而亡。因為大汗亡故，忽必烈必須趕回蒙古，爭取大汗位，因此即刻退兵。

南宋對於鄂州突然解圍，也摸不著頭腦，史書都所云不詳。岌岌可危的南宋政權，苟延殘喘，又維持了二十年。

讀到這一部經，知道刊刻的背後故事，感慨萬千。

皇室刻經，用氣勢壯大的顏體字，濃厚的墨色，製作出

金剛般若波羅蜜經卷上

姚秦三藏法師鳩摩羅什譯

法會因由分第一

如是我聞一時佛在舍衛國祇樹給孤獨園與大比丘衆千二百五十人俱尒時世尊食時著衣持鉢入舍衛大城乞食於其城中次第乞已還至本處飯食訖收衣鉢洗足已敷座而坐

善現起請分第二

時長老須菩提在大衆中即從座起偏

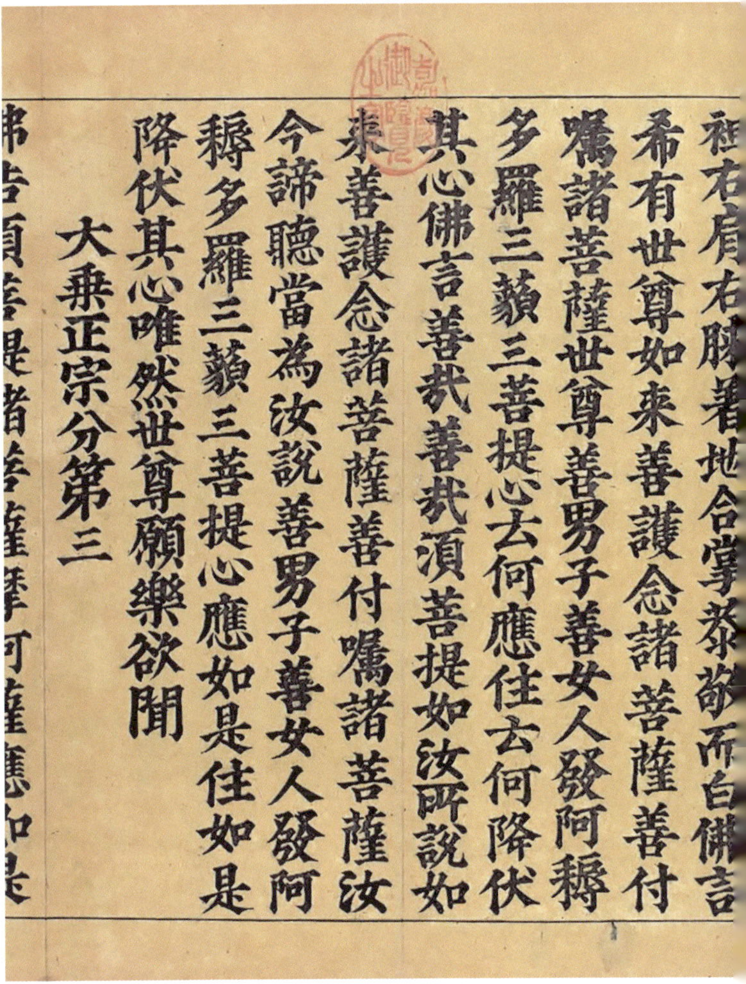

袒右肩右膝著地合掌恭敬而白佛言
希有世尊如來善護念諸菩薩善付
囑諸菩薩世尊善男子善女人發阿耨
多羅三藐三菩提心云何應住云何降伏
其心佛言善哉善哉須菩提如汝所說如
來善護念諸菩薩善付囑諸菩薩汝
今諦聽當為汝說善男子善女人發阿
耨多羅三藐三菩提心應如是住如是
降伏其心唯然世尊願樂欲聞
大乘正宗分第三
佛告須菩提諸菩薩摩訶薩應如是

宋．開慶元年 (1259) 壽聖寺刊本，為台北故宮博物院館藏最早的宋刊本，經文採用鳩摩羅什譯於長安的譯本，是六種《金剛經》漢譯本中最早也最通行的譯本。

典型的宋本書的典範。

這部經值得注意的是，出現了三十二分的章目。在唐代的羅什譯本中，無論手抄、石刻、印刷，都沒有出現三十二分章。

南宋開慶元年的版本有了三十二分章：「法會因由分第一」、「善現起請分第二」、「大乘正宗分第三」……一直延續到最後，把五千多字的《金剛經》分為三十二個段落。

這樣的分法，傳說是南朝梁昭明太子（五〇一—五三一）所分。爭議很多，有人認為佛陀經文不可隨意割裂。近代考證，把三十二分掛在昭明太子名下，是到元、明才有的說法。

因此，首先必須認知三十二分與昭明太子無關。唐代的諸多版本中都沒有三十二分。

宋代的羅什譯本《金剛經》有了三十二分，是誰創立？產生於何時？都不得而知。

有人反對三十二分，認為妄圖割裂經文有「下地獄」之罪。

我沒有這麼激烈的看法，而且喜愛《金剛經》，敬重因果，無論如何最好不要詛咒別人「下地獄」。

三十二分，有點像編輯拿到一篇長文，擔心讀者「文長慎入」，不容易讀下去。因此做一點編輯工作，分出小標題，標示這一段主旨，引導讀者方便閱讀。可以採用，也可以不用。

在祇樹給孤獨園，最初問答辯論，應該也是一段一段，有熱心小編，提示一下，其實無可厚非。

六、高麗崔瑀版本《金剛經》

我手頭上有一個特殊的《金剛經》版本，是高麗權臣崔瑀刊印的，用的也是鳩摩羅什譯本，可見漢字的羅什譯本在文字未曾改變之前的韓國、日本，或者越南，都有普及的影響力。

這個版本是大塊文化創辦人郝明義所贈，黑色封面，不到二十公分正方，紙質很輕，方便攜帶，因此我旅行時多帶在身邊讀誦。

起初並沒有特別注意到是高麗版本，書頁最後有崔瑀姓名。前面是一長串官銜：「守大德門、侍中、上柱國、上將軍、判御史台事、晉陽侯　崔瑀。」

崔瑀封晉陽侯是在一二三五年，所以這一部《金剛經》應該也是這一段時間刊刻的，相當於中國南宋後期。

崔瑀一生在政治鬥爭之中，也面臨新崛起的蒙古入侵，曾經輔佐王室遷往江華島避蒙古大軍。他被封晉陽侯也正在此時。

崔瑀在經文最後發願：「金剛般若經，雕版流通」、「陸兵不起，國祚中興」、「延及法界」、「破諸有相，共識真空」。

在紛亂的世事中，崔瑀作為掌控權力的統治者，他也有「破諸有相，共識真空」的嚮往嗎？

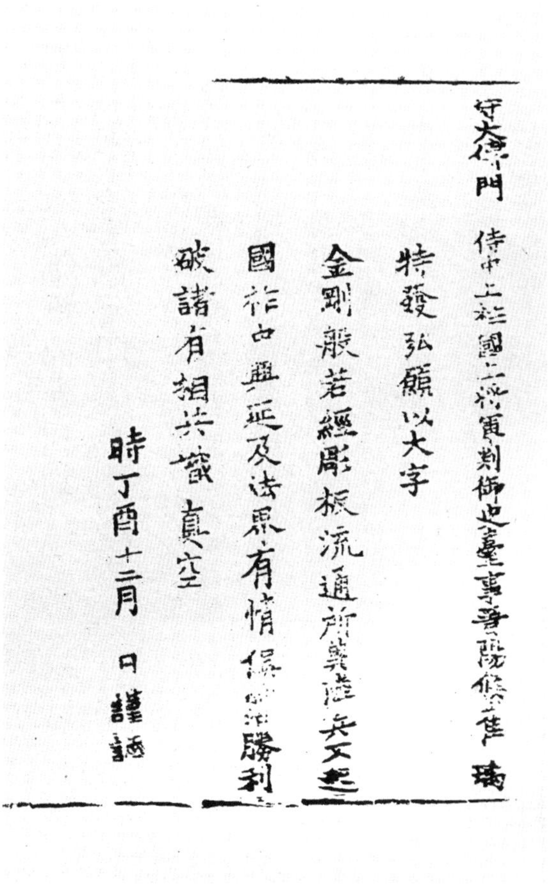

守大保門 侍中上柱國上將軍判御史臺事晉陽侯崔瑀
特發弘願以大字
金剛般若經彫板流通所冀聖壽天長
國祚地久延及法界有情俱沾勝利
破諸有相共證真空
時丁酉十二月 日謹誌

高麗崔瑀版本《金剛經》復刻本

七、至正元年資福寺刊刻朱墨雙色套印《金剛經》

這部經的原件目前收藏在台北國家圖書館，在印刷科技史上，再往前突破，有了雙色套印的技術。

這部經很明顯是由皇室主導，為元皇室所刊刻的一部經。因此，一打開扉頁，就有顯眼的紅朱色幾個大字：「皇帝萬歲萬萬歲」。

雙色套印必須克服技術上的困難，用朱色大字先排印經文原文，也是羅什譯本，也採納傳說的昭明太子三十二分目。

這部經為了分別羅什譯文和小字的注解，發展出繁複的雙色套印。用黑色小字加入「無聞思聰」的注解。

這部經的紅朱色原文非常漂亮，印刷字體，慢慢脫離了書法的影響，獨自發展出雕版的特色，點捺結構布局，不再是文人書法的飄逸瀟灑，反而創造出印刷設計字體的風格。

這種印刷字體，在清代又回頭影響文人，像乾嘉年間，揚州的書法家金農（冬心）就仿照這種印刷體，建立他獨特的書法風格，也用那樣手寫的印刷體手抄了一部《金剛

金剛般若波羅蜜經

姚秦三藏法師鳩摩羅什奉　詔譯

梁昭明太子加其分目

汝水香山無聞思聰　註解

◎

金剛　釋曰金剛寶也西天中印土靈鷲山如來寶座金剛所成深八萬四千由旬至金輪水際安立然以金剛也執金剛神寶杵尖三楞三寸之長是金剛餘皆不是堅固不壞能摧銅鐵玉石萬物萬物不可當其鋒也香水海中無邊世界皆是金剛保持擎載國土如此之功力喻衆生本性修行成道見諦解脫超越色聲香味觸法明暗色空之外入息不拘陰界出息不攝萬緣心非境惑一真獨妙湛然常住號曰金剛上士爲人天眼目入紅塵裏轉大法輪善能分別諸法相第一義諦而不動拔衆生之苦也堅固勇猛精進行道僧中那吒法門梁棟尔

般若　釋曰梵語西竺鄉談此云智慧也世間之火能燒萬有性空智火能燒自己無始劫來無明貪嗔癡黑暗亂惡習氣之心也煩惱苦不得成三菩提是以定

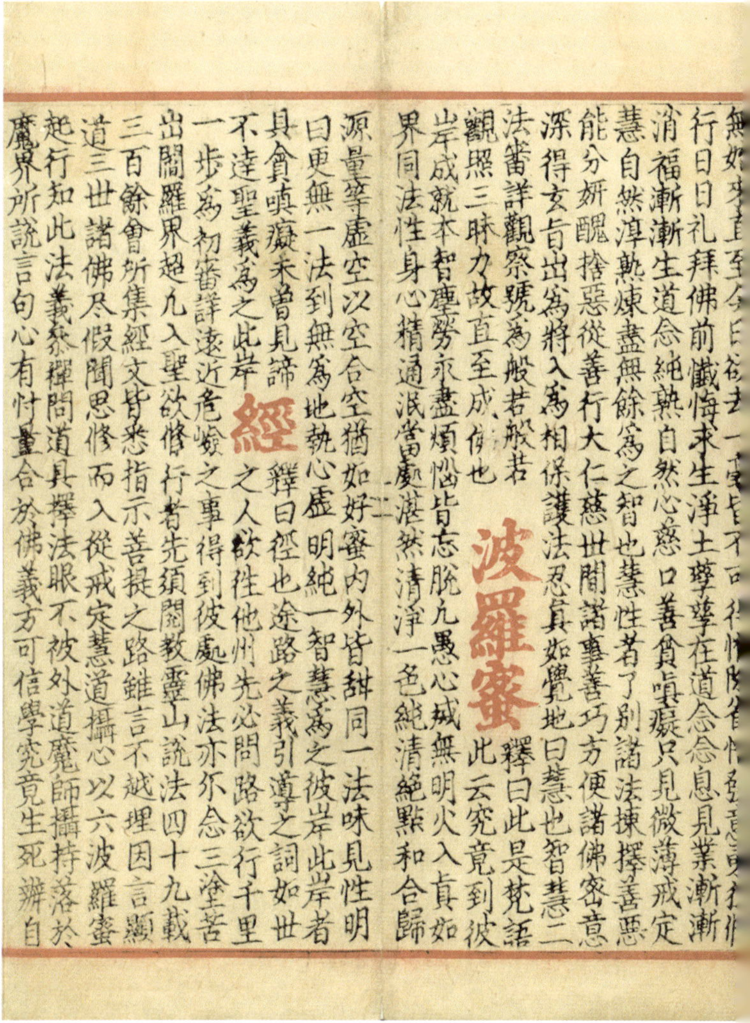

行日日礼拜佛前懺悔求生淨土孳孳在道念念息見業漸漸
消福漸漸生道念純熟自然心慈口善貪嗔癡只見微薄戒定
慧自然淳熟煉盡無餘爲之智也慧性若了別諸法揀擇善惡
能分妍醜捨惡從善行大仁慈世間諸事善巧方便諸佛密意
深得玄旨出爲將入爲相保護法忍真如覺地曰慧也智慧二
法番詳觀察號爲般若般若 波羅蜜 釋曰此是梵語
觀照三昧力故直至成佛也 此云究竟到彼
岸成就本智塵勞永盡煩惱皆忘脫凡愚心拔無明火入真如
界同法性身心精通泯當處湛然清淨一色純清絕點和合歸
源量等虛空以空合空猶如好蜜內外皆甜同一法味見性明
曰更無一法到無爲地執心虛明純一智慧爲之彼岸此岸者
具貪嗔癡未曾見諦 經 釋曰經也途路之義引導之詞如世
不達聖義爲之此岸 之人欲往他州先必問路欲行千里
一步爲初番詳遠近危嶮之事得到彼處佛法亦尔念三塗苦
出閻羅界超凡入聖欲修行者先須閱教靈山說法四十九載
三百餘會所集經文皆悉指示菩提之路雖言不越理因言顯
道三世諸佛尽假聞思修而入從戒定慧道攝心以六波羅蜜
起行知此法義參禪問道具擇法眼不被外道魔師攝持落於
魔界所說言句心有忖量合於佛義方可信學究竟生死辦自

元．至正元年 (1341) 資福寺刊刻朱墨雙色套印本《金剛經》，為現存年代最早、也是舉世唯一的一部雙色印本佛經。現藏於台北國家圖書館。

經》，印刷體的雕版風格反過來影響書法創作。

因為是皇室御用，整部經的裝幀印刷設計，都有華麗尊貴的氣派，當然也是民間百姓難以望其項背的。

這部經用了三十七塊木板雕印，印刷的時候，先印墨色小字，再印朱紅大字經文，套印的技術必須十分精準，毫釐不差，才能印出無缺失的一部經。

以經摺裝方式裝幀，四十張紙，二百面。在印刷史上，又往前推進了一步。

元朝至正元年是一三四一年，距離羅什翻譯《金剛經》已經有一千年。

一部《金剛經》，經歷摩崖、手抄、刻石、雕版印刷、雙色套印……彷彿也有了《金剛經》自己演變流通的歷史。

一四五四至一四五五年，歐洲在古騰堡發展出活字印刷的《聖經》，西方的印刷術，也藉著信仰傳布，有了新的科技發展。

金剛經筆記三

讀《金剛經》和最深的自己對話

如露亦如電

我在構想一個畫面，關於祇樹給孤獨園。

因為佛陀在這裡講了《金剛經》，成為信徒觀光客的聖地。但是，這個地方，只是剩下一些斷磚殘瓦的廢墟。

不只是現在我們看到的廢墟，一千多年前，唐代玄奘來過這裡，他看到的也已經是廢墟。

「一切有為法，如夢幻泡影……」

朝聖者有心在廢墟裡尋找，可能會想起經文裡最重要的偈語，「如露亦如電」，或許領悟更深。朝日初升，露水就晞逝消失，電光一閃，瞬間無影無蹤。

然而，一百年呢？一千年呢？也是「如露亦如電」。「偈語」不是一句話，而是用整個眼前的繁華成為廢墟來示現。

我們身處的繁華，都是「祇樹給孤獨園」，哪一個不會成為廢墟？

我在想：祇樹給孤獨園裡有什麼？

想到菩提樹，樹林裡修行的僧侶，或冥想，或靜坐。

應該聽得到河流的聲音，也聽到樹上鳥雀鳴叫。

有白鷺飛翔，有貓狗嬉戲打鬧。

我畫了孔雀、鹿，也許還有看不見的蛇，游過花叢。祇樹給孤獨園，有沒有貪嗔，有沒有痴愛？也許眼前的一切也就是祇樹給孤獨園，也一樣繁華，一樣會成為廢墟。

不忘衣缽

跟著乞食的隊伍，走進城裡去。身上一領衣服，手中一個碗。

有時候會忘記，身上衣服，吃飯的碗，就是經文裡說的

「衣」和「缽」。

從祇樹給孤獨園，一代一代傳承下來的，也就是「衣」「缽」。認真生活，穿衣、吃飯，不忘「衣」「缽」。

在上課之前，先做好「衣缽」的功課。

如果有乞食的隊伍，跟在隊伍後面，清晨樹林裡一線旭日的光，赤足踩在濕潤的泥土地上，知道「衣」「缽」慎重，是所有功課裡的第一課。

懷念起在清邁，每日跟隨乞食隊伍，走進城裡。珍重自己身上的一件衣服，珍重手中的「缽」，珍重放進「缽」中的布施。

云何應住？云何降伏其心？

須菩提提出第一課的問題：「善男子，善女人，發阿耨多羅三藐三菩提心，云何應住？云何降伏其心？」

有的版本是「應云何住？」

問話的核心很清楚：「有善念的大眾，發願追求生命最深的領悟，要如何安頓自己？如何讓紛亂的心安靜下來？」

須菩提跪在「佛」前，向「世尊」發問。

「世尊」是人世間尊敬的老師。「佛」是有覺悟的生命。

須菩提也稱呼這覺悟的生命「如來」。

「世尊」、「佛」、「如來」三個不同的名稱，同時出現在一個對象身上。

「世尊」是現世的存在？「佛」是覺悟者？「如來」是解脫了身相的生命？

「若見諸相非相，即見如來。」是我自己看著自己的解脫嗎？

善護念．善付囑

護佑，惦念，像母親一樣，時時囑咐叮嚀。

祇樹給孤獨園裡總是重複說：「善男子，善女人……」對每一個人這樣說，確定「善」無所不在。

眾生．滅度

世尊回答須菩提的「眾生」，讓我思考了很久。

也許受儒家影響，「眾生」二字，總是局限在人。

《金剛經》的眾生，包含十類：

「卵生、胎生」，容易理解，卵生是禽鳥，胎生是人，但也是貓狗、牛馬、虎豹、羊豬。

蛇類呢？卵胎生的物種。

「濕生、化生」，已經是一般對物種陌生的範圍了。

在潮濕溫度下孕生的菌類，在人類視覺看不到的物種的蔓延。

《金剛經》的「眾生」推到一個生命孕育演化的無限狀態。

「有色、無色」，視覺可見的，與不可見的。

「有想、無想」，有思維和無思維的。

所以，樹木草叢，是「有想」還是「無想」？

石頭呢？海水呢？

天空的雲呢？星辰呢？

山川與河流，恆河裡的沙呢？

「若非有想、非無想」，眾生最後達到一個人類不可知的物種世界。

用「若」這個推測提醒或者還有我們不可知的物種領域。

所以，一塊石頭也是「眾生」，被遺棄的一塊石頭，「自怨自艾」，有了性情，有了憐憫，在靈河岸邊，澆灌了一株「絳珠草」，他們就要在累世的因果裡有了牽掛。

石頭在累劫後成為人身的寶玉。

「有情眾生」並不只是人類，是指喻宇宙間一切可見不可見、可知不可知的生命。

「新冠的病毒是眾生嗎？」疫情時我讀《金剛經》，為每日新聞上滅度的眾生讀，卻也想到病毒。

「病」「毒」都是人類的主觀。人類認為的「病」和「毒」會不會是另一種物種存在的方式？

所有「眾生之類」都「入無餘涅槃」，「無量、無數、無邊眾生」，我們也在其中。

之前的「我」和之後的「我」，都在其中。

期待「滅度」的我，然而《金剛經》說「實無眾生得滅度者」，沒有滅度，沒有一般宗教說的「救贖」。

否定了「救贖」，信仰還能夠成立嗎？
然而《金剛經》不只一次說「實無眾生得滅度者」。

無我相，人相，眾生相，壽者相

如果六道因果，「我」只是暫時存在。
六道因果，「人」只是暫時存在。
六道因果，「眾生」只是暫時存在。
我們執著的永恆，也是暫時存在。
「應無所住」，色相、聲音、香氣、味覺、觸覺、思維，都可以「布施」。

本來是短暫虛妄的存在，所有感覺到的世界，認清了本質，無有罣礙執著。

我喜歡關於「福德」的問答。世尊只是反問須菩提：「東方虛空，可思量不？」

把思考帶到一個今天科學也無法解答的難題上。

須菩提向東邊看，東邊虛空，無止盡。

世尊再問一句：「南西北方，四維上下虛空，可思量不？」

須菩提也許轉了一圈，南方、西方、北方，再抬頭看天，低頭看地，一樣無止盡。

不可知的大，不可知的虛空，不可知的時間與空間。

「福德」和不可知的時間與空間一樣，應無所住。

諸相非相

世尊在現世的位置談論「如來」。

「如來」是另外一個自己？好像來過，好像走了。或者，並沒有來，也沒有離開。

鏡子裡看到「身相」，這麼真實，如何相信這個「身相」

好像來過，好像走了。

「不可以身相得見如來」，執著鏡子裡的自己，不可能相信這眼前的身相會變化，會離開，會逝去。

看著鏡子的身相，也就見不到「如來」。

那個好像來過的自己。

「若見諸相非相，即見如來。」

「如來」被塑成一尊像，立在廟裡，供人膜拜。然而，《金剛經》說的「如來」，不是一尊像，只是「好像來過」、「好像走了」。

法尚應捨

信仰都不可以執著，不執著信仰，也不執著非信仰。

乘筏渡河，過了河，到達彼岸，筏可以捨棄了，沒有人過了河，把筏揹在身上。

我們學習來的都是「法」，許多渡河的方法。

過了河，法也可以捨棄。

建立佛法，世尊了悟，讓人自己乘筏渡河，一點也不執著自己的「法」。

斤斤計較於信仰，信仰就是罣礙，如何解脫？

學來的，便有得意，也有傲慢，也最難捨。「法尚應捨」，大創作者不斷超越，也就是「捨」。所謂「佛法」者，即非「佛法」。

於意云何

老師和學生，問答之間，常常出現「於意云何」。好像保留了祇樹給孤獨園當時辯論問答的語氣。我把「於意云何」解讀為「怎麼說呢？」

在問答的開始，都從「於意云何」起句。有一點自問自答，有一點停止在自己的語言斟酌中。

我懷念那樣溫和的討論問題，「怎麼說呢？」停下來，給自己一點思考的時間，也給對方一點聆聽的等待。美好的祇樹給孤獨園，河水慢慢流淌，清晨旭日的光，黃昏的光，都在河水裡流去。

「世尊」也遠遠聽著河水湯湯，他知道眼前耳中的一切，都將從繁華成為廢墟嗎？他因此唱讚了那句偈：「一切有為法，如夢幻泡影，如露亦如電……」

須陀洹．斯陀含．阿那含

初讀《金剛經》，對古梵文音譯不習慣。「阿耨多羅三藐三菩提」，為什麼不直接意譯為「無上正等正覺」？

「須陀洹」、「斯陀含」、「阿那含」也是三個古梵文，對漢語的大眾，必然有困擾。

鳩摩羅什的漢譯，保留很多古梵文的音。他在聲音和意義之間游離，產生閱讀者思考的碰撞。

這一段連續用了四次「於意云何」？

「怎麼說呢？」讓論辯停頓遲緩下來，方便思考。

「須陀洹」是修行的一個結果，修行自己的感官，視覺、聽覺、嗅覺、味覺、觸覺。

入於感官，也超脫於感官，不被感官絆住。

這是修行初果，好像辦一張結業證書。如同「學士」、「碩士」、「博士」，每一個階段，一張證書。

可以做到「須陀洹」了，要停留在「須陀洹」嗎？

世尊一次一次詢問，須菩提一次一次否定。

從須陀洹到斯陀含，應該停在斯陀含嗎？

「斯陀含」修行到一次往來，生命一生一死，不再輪迴，

這是「斯陀含果」的境界。然而須菩提再次否定，他說

「實無往來」。

所以，認真修行到一次了悟生死，也只是過程嗎？

「阿那含」更進一步，修行到「不來」，更高的境界了，然而須菩提說「實無不來」。

在古印度，或許各種修行流派，也列出各種等次排名，各有修行的得意。

世尊似乎希望引領學生，通過一個一個修行的「結果」，卻不停留在任何一種結果。

結果是下一次的因，果實裡的種子傳遞，如基督教所言「如果一粒麥子不死——」

麥子落在土裡，死了，便結出許多麥子。

即便到了「阿羅漢」，也不可以得意「我得阿羅漢道」，一旦得意，便是執著，也不能再往前修行。

「無諍」、「三昧」把無分別心和梵語的「三昧」（正定）連結在一起。

須菩提領悟，通過一階段一階段的修行結果，不停留在任何一個結果，一路往前，走到森林空地，靜坐下來，聽到風聲、樹葉聲、流水潺潺，聽到鳥鳴，那森林空地，即是「阿蘭那」。修行的本質，還至本處，做純粹的自己。

燃燈佛

在北印度阿富汗、喀什米爾、巴基斯坦一帶，有很多燃燈佛的故事壁雕。我在巴黎的吉美博物館看過，印象很深。許多經文裡都有燃燈佛與釋迦牟尼相遇的故事。

一個青年修行者，期待能瞻仰燃燈佛。聽說燃燈佛要來，欣喜萬分。他準備了蓮花，供養燃燈。見面時，青年看到燃燈佛赤足，腳下一灘污水。修行者就解開頭髻，散髮布地，讓燃燈佛踩著自己頭髮走過。

這是北印度古代雕刻上常常看到的畫面：五莖蓮花環繞

佛身，青年修行者匍匐地上，燃燈佛赤足踏在髮上。

古印度是擅長說故事的文化，故事裡有歌有舞，有偈頌讚歎。

那一次相遇，燃燈佛給青年修行者授記，預告他在九十一劫之後成佛，號釋迦牟尼。

九十一劫，是多麼長久的時間啊？

《摩訶婆羅多》裡有許多古印度時間的計算，十二個梵天月是一梵天年。一百梵天年是一大「劫」。一大劫是三百一十一點零四萬億年。

古印度的時間計算，如同「上下四維虛空」的空間論述，同樣使人類進入「無量、無數、無邊」的浩歎。

一個青年修行者，讓他仰慕的人踩著頭髮走過，五體投地的當下，他得到「授記」。

是預告在九十一劫之後的一次授記。

授記．實無所得

「授記」是什麼？

像學業結束，得到「認證」，領了一張「畢業證書」？

燃燈佛被認為是釋迦牟尼的老師，九十一劫之後，多少次星辰殞落，滄海桑田，青年修行者，還記得九十一劫以前的事。

他記得，所以問須菩提：「於意云何？如來昔在燃燈佛所，於法有所得不？」

「世尊，如來在燃燈佛所，於法實無所得。」

很多章節之後，這位覺悟者才回答須菩提：「若有法，如來得阿耨多羅三藐三菩提者，燃燈佛即不與我授記。」

如此篤定，在修行的漫長路上，九十一劫，覺悟沒有法得「無上正等正覺」。

「若有法，如來得阿耨多羅三藐三菩提者，燃燈佛即不與我授記。」

他再一次篤定告訴須菩提：「以實無有法，得阿耨多羅三藐三菩提，是故燃燈佛與我授記。」

我們得意的「授記」可能是學位、認證，我們畢業了，但是不敢說「實無所得」。

《金剛經》否定了「授記」的目的和心機。

如同多少劫後，唐代的五祖弘忍，尋找接班的六祖。尋找到廚房裡每天劈柴煮飯的惠能。

惠能不識字，授記時，五祖為他念誦《金剛經》。念到「應無所住而生其心……」惠能打斷說：「已懂了。」

五祖傳授衣缽，並且囑咐：「必要時，衣缽也可放下。」帶法南逃。

《金剛經》傳承著不著痕跡的「授記」，沒有畢業這件事，沒有認證。

「衣」「缽」都可放下。如果「衣」「缽」已成為權力和地位的象徵。

放下「衣」「缽」，就是放下爭奪，還至本處。

「一切法，皆是佛法」。

所以中土六祖是不識字，是每天在廚房劈柴、擔水、淘米、洗菜的伙頭師傅。

微塵．世界

「三千大千世界，所有微塵，是為多不？」

很多很多世界，很多很多微塵。「世界」也許不存在，只是我們想像的「世界」；「微塵」也並非「微塵」，只是我們想像的「微塵」。

所以，「如來」的「三十二相」也並不存在，只是我們命名為「三十二相」。

須菩提哭了，「涕淚悲泣」，透徹看到一切的非相，悲欣交集。

不驚．不怖．不畏

這是父親彌留時，我在長途飛行中讀到的句子。
因此，每次讀誦都忽然心痛。
每個人會記得自己讀誦心痛的一句嗎？
如同須菩提的「涕淚悲泣」，好像記憶的不是文字，不是語言，是身體裡很深很深某處的痛。
《金剛經》和每一個人最深的自己對話。

節節支解

他為什麼記得，曾經被歌利王「割截身體」？

那是多久遠的事？

在輪迴流轉的幾世幾劫之後，他記得身體被支解的痛。痛沒有消失，在痛的時候，「無我相，無人相，無眾生相，無壽者相」。

看著一個身體被「節節支解」，那不是「我」的身體，不是「人」的身體，不是「眾生」的身體，沒有永恆活著的念頭。

記得身體上的痛，記得當時如何離開自我，離開人，離開眾生，離開永恆的妄想，所以從「嗔恨」中解脫了自己。沒有「嗔恨」是他修行的開始嗎？他再和須菩提說了一次：「我應滅度一切眾生。滅度一切眾生已，而無有一眾生實滅度者。」沒有「嗔恨」，也不妄想「救贖」。「一切法皆是佛法」。

肉眼・天眼・慧眼・法眼・佛眼

老師和學生討論起視覺的層次。

世尊問須菩提：「我有肉眼嗎？」

肉眼看到什麼？一顆蘋果，一棵樹，一棟房子，一頭羊，一個人。

「世尊，如來有肉眼。」

成為世間人人尊敬的老師，修行到自由來去，他，和我們一樣，有肉身的眼睛。

「如來有天眼不？」

「天眼」看到什麼？肉眼有限制，蘋果背面看不到，樹的季節變化看不到，房子的內在結構看不到。羊或人，肉眼所見只是表象。

「天眼」可以仰觀俯瞰，「天眼」可以透徹觀察。觀察已經不是肉眼的「看」。

「如來有慧眼不？」

「慧眼」不只是視覺了，「慧」有思考的意義。接近「觀想」，觀想水，觀想日出，觀想大海波濤，都不只是「看」，已經有「思想」介入，視覺的層次更複雜了。

「如來有法眼不？」

「法」是什麼？秩序、法則，也許是表象視覺觀察不到的更深的規則。大海波濤裡的流體力學，日出時太陽升起的角度與地球轉動，水的分子元素。

「法眼」有洞察分析的能力，還原物質存在的內在現象。一層一層進入更深層次，使視覺與意識思維結合，《金剛經》關於五種「眼」的論辯，有極深刻的科學性。彷彿達文西許多觀察自然的手稿，關於女性子宮裡的胎兒，關於種子，關於水的流動，關於飛行，關於光，他都不只是紀錄「看」，而是透視了「看」的本質。

最後的問題是：「如來有佛眼不？」

「世尊」、「佛」、「如來」，同一個對象，三種不同稱呼。如同基督教的「三位一體」，可分，也不可分。

須菩提回答：「世尊，如來有佛眼。」

同時出現了「三位一體」。面前的「世尊」，修行到自由的「如來」，也有「佛」的眼睛嗎？

「佛眼」是什麼？

有一天我的筆記裡寫下：「佛眼」是不是關閉的眼睛？

我嘗試體驗盲人的視覺，在我們認為的「失明」裡，他看到什麼？

五種視覺探討之後，像是最後一個問題，他問道：「如恆河中所有沙，佛說是沙不？」

修行到「佛眼」，看到恆河岸邊的沙，還說是「沙」嗎？

一度在這裡停了很久，泫然欲泣。

須菩提回答：「如是，世尊，如來說是沙。」

在修行途中，他想回來做平凡的眾生，和眾生一起看恆河岸邊的沙嗎？

一粒一粒數算河岸邊的沙，有多少的沙？為什麼他總是用恆河的沙比喻微塵和世界？

鳩摩羅什譯為「恆河沙」，上千年來，沒有去過恆河的漢語知識者，對恆河沙有什麼樣的理解或幻想？

恆河的沙有多少？像恆河沙一樣多的河流有多少？

《金剛經》不斷把思維推到不可知的邊緣。「過去心，不可得。現在心，不可得。未來心，不可得。」

如來

如何翻譯古梵語的「如來」？

古梵語的「如來」也包含著「如去」。

超脫了「身相」，可以「如來」，也可以「如去」。

長久以來，「如來」被理解為真實的存在，所以有一尊像，立在廟堂上，供人膜拜頂禮。

《金剛經》說的很清楚，不可以理解與認知「如來」有固定形象。

「如來若來，若去，若坐，若臥」，坐著或臥著的相，不是如來，是誤解了如來。

《金剛經》重要的句子：

「無所從來，亦無所去，故名如來。」

也許，只是回到「如來」兩個字的本意。

四句偈

最後的四句偈，像是讚頌的尾音。

一切有為法
如夢幻泡影
如露亦如電
應作如是觀

我試著去觀看自己的夢，觀看夢裡的自己。

我試著觀看自己的幻想，幻境裡的自己，彷彿真實。

我試著在洗手時，觀看一枚肥皂水的氣泡，升起，破滅。

我試著觀看自己的影子，亦步亦趨，這麼真實，然而燈光大亮，影子瞬間不見了。

我試著觀看清晨一片葉子上的露水，晶瑩剔透，這麼美麗，太陽升起，露水晞逝，無影無蹤。

我試著觀看霹靂閃電，如此震撼驚人，然而也是一閃即逝。

《金剛經》筆記只是自己隨手的紀錄，文字並無意義，走到夢幻泡影的邊緣，看露水，看閃電，也許是另一種領悟。

金剛般若波羅蜜經

姚秦 三藏法師 鳩摩羅什 譯

法會因由分第一

如是我聞。一時佛在舍衛國。祇樹給孤獨園。與大比丘眾。千二百五十人俱。爾時世尊。食時。著衣持鉢。入舍衛大城乞食。於其城中。次第乞已。還至本處。飯食訖。收衣鉢。洗足已。敷座而坐。

善現起請分第二

時。長老須菩提。在大眾中。即從座起。偏袒右肩。右膝著地。合掌恭敬。而白佛言。希有世尊。如來善護念諸菩薩。善付囑諸菩薩。世尊。善男子。善女人。發阿耨多羅三藐三菩提心。云何應住。云何降伏其心。佛言。善哉善哉。須菩提。如汝所說。如來善護念諸菩薩。善付囑諸菩薩。汝今諦聽。當為汝說。善男子。善女人。發阿耨多羅三藐三菩提心。應如是住。如是降伏其心。唯然。世尊。願樂欲聞。

大乘正宗分第三

佛告須菩提。諸菩薩摩訶薩。應如是降伏其心。所有一切眾生之類。若卵生。若胎生。若濕生。若化生。若有色。若無色。若有想。若無想。若非有想非無想。我皆令入無餘涅槃而滅度之。如是滅度無量無數無邊眾生。實無眾生得滅度者。何以故。須菩提。若菩薩有我相。人相。眾生相。壽者相。即非菩薩。

妙行無住分第四

復次。須菩提。菩薩於法。應無所住。行於布施。所謂不住色布施。不住聲香味觸法布施。須菩提。菩薩應如是布施。不住於相。何以故。若菩薩不住相布施。其福德不可思量。須菩提。於意云何。東方虛空。可思量不。不也。世尊。須菩提。南西北方。四維上下虛空。可思量不。不也。世尊。須菩提。菩薩無住相布施。福德亦復如是。不可思量。須菩提。菩薩但應如所教住。

如理實見分第五

須菩提。於意云何。可以身相見如來不。不也。世尊。不可以身相得見如來。何以故。如來所說身相。即非身相。佛告須菩提。凡所有相。皆是虛妄。若見諸相非相。即見如來。

正信希有分第六

須菩提白佛言。世尊。頗有眾生。得聞如是言說章句。生實信不。佛告須菩提。莫作是說。如來滅後。後五百歲。有持戒修福者。於此章句。能生信心。以此為實。當知是人。不於一佛。二佛。三四五佛而種善根。已於無量千萬佛所。種諸善根。聞是章句。乃至一念生淨信者。須菩提。如來悉知悉見。是諸眾生。得如是無量福德。何以故。是諸眾生。無復我相。人相。眾生相。壽者相。無法相。亦無非法相。何以故。是諸眾生。若心取相。即為著我人眾生壽者。若取法相。即著我人眾生壽者。何以故。若取非法相。即著我人眾生壽者。是故不應取法。不應取非法。以是義故。如來常說。汝等比丘。知我說法。如筏喻者。法尚應捨。何況非法。

無得無說分第七

須菩提。於意云何。如來得阿耨多羅三藐三菩提耶。如來有所說法耶。須菩提言。如我解佛所說義。無有定法名阿耨多羅三藐三菩提。亦無有定法。如來可說。何以故。如來所說法。皆不可取。不可說。非法。非非法。所以者何。一切賢聖。皆以無為法。而有差別。

依法出生分第八

須菩提。於意云何。若人滿三千大千世界七寶。以用布施。是人所得福德。寧為多不。須菩提言。甚多。世尊。何以故。是福德。即非福德性。是故如來說福德多。若復有人。於此經中受持。乃至四句偈等。為他人說。其福勝彼。何以故。須菩提。一切諸佛。及諸佛阿耨多羅三藐三菩提法。皆從此經出。須菩提。所謂佛法者。即非佛法。

一相無相分第九

須菩提。於意云何。須陀洹能作是念。我得須陀洹果不。須菩提言。不也。世尊。何以故。須陀洹名為入流。而無所入。不入色聲香味觸法。是名須陀洹。須菩提。於意云何。斯陀含能作是念。我得斯陀含果不。須菩提言。不也。世尊。何以故。斯陀含名一往來。而實無往來。

是名斯陀含。須菩提。於意云何。阿那含能作是念。我得阿那含果不。須菩提言不也。世尊。何以故。阿那含名為不來。而實無不來。是故名阿那含。須菩提。於意云何。阿羅漢能作是念。我得阿羅漢道不。須菩提言不也。世尊。何以故。實無有法。名阿羅漢。世尊。若阿羅漢作是念。我得阿羅漢道。即為著我人。眾生壽者。世尊。佛說我得無諍三昧。人中最為第一。是第一離欲阿羅漢。世尊。我不作是念。我是離欲阿羅漢。世尊。我若作是念。我得阿羅漢道。世尊即不說須菩提是樂阿蘭那行者。以須菩提實無所行。而名須菩提。是樂阿蘭那行。

莊嚴淨土分第十

佛告須菩提。於意云何。如來昔在燃燈佛所。於法有所得不。不也。世尊。如來在燃燈佛所。於法實無所得。須菩提。於意云何。菩薩莊嚴佛土不。不也。世尊。何以故。莊嚴佛土者。即非莊嚴。是名莊嚴。是故須菩提。諸菩薩摩訶薩。應如是生清淨心。不應住色生心。不應住聲香味觸法生心。應無所住而生其心。須菩提。譬如有人身如須彌山王。於意云何。是身為大不。須菩提言。甚大。世尊。何以故。佛說非身。是名大身。

無為福勝分第十一

須菩提。如恆河中所有沙數。如是沙等恆河。於意云何。是諸恆河沙。寧為多不。須菩提言。甚多。世尊。但諸恆河尚多無數。何況其沙。須菩提。我今實言告汝。若有善男子。善女人。以七寶滿爾所恆河沙數三千大千世界。以用布施。得福多不。須菩提言。甚多。世尊。佛告須菩提。若善男子。善女人。於此經中。乃至受持四句偈等。為他人說。而此福德。勝前福德。

尊重正教分第十二

復次。須菩提。隨說是經。乃至四句偈等。當知此處。一切世間天人阿修羅。皆應供養。如佛塔廟。何況有人。盡能受持讀誦。須菩提。當知是人。成就最上第一希有之法。若是經典所在之處。即為有佛。若尊重弟子。

如法受持分第十三

爾時須菩提白佛言。世尊。當何名此經。我等云何奉持。佛告須菩提。是經名為金剛般若波羅蜜。以是名字。汝當奉持。所以者何。須菩提。佛說般若波羅蜜。即非般若波羅蜜。是名般若波羅蜜。須菩提。於意云何。如來有所說法不。須菩提白佛言。世尊。如來無所說。須菩提。於意云何。三千大千世界所有微塵。是為多不。須菩提言。甚多。世尊。須菩提。諸微塵。如來說非微塵。是名微塵。如來說世界。

非世界。是名世界。須菩提。於意云何。可以三十二相見如來不。不也。世尊。不可以三十二相得見如來。何以故。如來說三十二相。即是非相。是名三十二相。須菩提。若有善男子。善女人。以恆河沙等身命布施。若復有人。於此經中。乃至受持四句偈等。為他人說。其福甚多。

離相寂滅分第十四

爾時須菩提。聞說是經。深解義趣。涕淚悲泣。而白佛言。希有世尊。佛說如是甚深經典。我從昔來所得慧眼。未曾得聞如是之經。世尊。若復有人。得聞是經。信心清淨。即生實相。當知是人。成就第一希有功德。世尊。是實相者。即是非相。是故如來說名實相。世尊。我今得聞如是經典。信解受持。不足為難。若當來世。後五百歲。其有眾生。得聞是經。信解受持。是人即為第一希有。何以故。此人無我相。無人相。無眾生相。無壽者相。所以者何。我相即是非相。人相。眾生相。壽者相。即是非相。何以故。離一切諸相。即名諸佛。佛告須菩提。如是如是。若復有人。得聞是經。不驚。不怖。不畏。當知是人。甚為希有。何以故。須菩提。如來說第一波羅蜜。即非第一波羅蜜。是名第一波羅蜜。須菩提。忍辱波羅蜜。如來說非忍辱波羅蜜。是名忍辱波羅蜜。何以故。須菩提。如我昔為歌利王割截身體。我於爾時。無我相。無人相。無眾生相。無壽者相。何以故。我於往昔節節支解時。若有我相。人相。眾生相。壽者相。應生嗔恨。須菩提。又念過去於五百世。作忍辱仙人。於爾所世。無我相。無人相。無眾生相。無壽者相。是故須菩提。菩薩應離一切相。發阿耨多羅三藐三菩提心。不應住色生心。不應住聲香味觸法生心。應生無所住心。若心有住。即為非住。是故佛說菩薩心。不應住色布施。須菩提。菩薩為利益一切眾生故。應如是布施。如來說一切諸相。即是非相。又說一切眾生。即非眾生。須菩提。如來是真語者。實語者。如語者。不誑語者。

不異語者。須菩提。如來所得法。此法無實無虛。須菩提。若菩薩心住於法而行布施。如人入闇。即無所見。若菩薩心不住法而行布施。如人有目。日光明照。見種種色。須菩提。當來之世。若有善男子。善女人。能於此經。受持讀誦。即為如來。以佛智慧。悉知是人。悉見是人。皆得成就無量無邊功德。

持經功德分第十五

須菩提。若有善男子善女人。初日分。以恆河沙等身布施。中日分。復以恆河沙等身布施。後日分。亦以恆河沙等身布施。如是無量百千萬億劫。以身布施。若復有人。聞此經典。信心不逆。其福勝彼。何況書寫受持讀誦。為人解說。須菩提。以要言之。是經有不可思議。不可稱量。無邊功德。如來為發大乘者說。為發最上乘者說。若有人能受持讀誦。廣為人說。如來悉知是人。悉見是人。皆得成就不可量。不可稱。無有邊。不可思議功德。如是人等。即為荷擔如來阿耨多羅三藐三菩提。何以故。須菩提。若樂小法者。著我見人見。眾生見。壽者見。即於此經。不能聽受讀誦。為人解說。須菩提。在在處處。若有此經。一切世間天人阿修羅。所應供養。當知此處。即為是塔。皆應恭敬。作禮圍繞。以諸華香而散其處。

能淨業障分第十六

復次。須菩提。若善男子。善女人。受持讀誦此經。若為人輕賤。是人先世罪業。應墮惡道。以今世人輕賤故。先世罪業。即為消滅。當得阿耨多羅三藐三菩提。須菩提。我念過去無量阿僧祇劫。於燃燈佛前。得值八百四千萬億那由他諸佛。悉皆供養承事。無空過者。若復有人。於後末世。能受持讀誦此經。所得功德。於我所供養諸佛功德。百分不及一。千萬億分。乃至算數譬喻所不能及。須菩提。

若善男子。善女人。於後末世。有受持讀誦此經。所得功德。我若具說者。或有人聞。心即狂亂。狐疑不信。須菩提。當知是經義不可思議。果報亦不可思議。

究竟無我分第十七

爾時須菩提白佛言。世尊。善男子。善女人。發阿耨多羅三藐三菩提心。云何應住。云何降伏其心。佛告須菩提。善男子。善女人。發阿耨多羅三藐三菩提心者。當生如是心。我應滅度一切眾生。滅度一切眾生已。而無有一眾生實滅度者。何以故。須菩提。若菩薩有我相。人相。眾生相。壽者相。即非菩薩。所以者何。須菩提。實無有法。發阿耨多羅三藐三菩提心者。須菩提。於意云何。如來於燃燈佛所。有法得阿耨多羅三藐三菩提不。不也。世尊。如我解佛所說義。佛於燃燈佛所。無有法得阿耨多羅三藐三菩提。佛言。如是如是。須菩提。實無有法。如來得阿耨多羅三藐三菩提。須菩提。若有法。

如來得阿耨多羅三藐三菩提者。燃燈佛即不與我授記。汝於來世。當得作佛。號釋迦牟尼。以實無有法。得阿耨多羅三藐三菩提。是故燃燈佛與我授記。作是言。汝於來世。當得作佛。號釋迦牟尼。何以故。如來者。即諸法如義。若有人言。如來得阿耨多羅三藐三菩提。須菩提實無有法。佛得阿耨多羅三藐三菩提。須菩提。如來所得阿耨多羅三藐三菩提。於是中無實無虛。是故如來說一切法。皆是佛法。須菩提。所言一切法者。即非一切法。是故名一切法。

須菩提。譬如人身長大。須菩提言。世尊。如來說人身長大。即為非大身。是名大身。須菩提。菩薩亦如是。若作是言。我當滅度無量眾生。即不名菩薩。何以故。須菩提。實無有法。名為菩薩。是故佛說一切法。無我。無人。無眾生。無壽者。須菩提。若菩薩作是言。我當莊嚴佛土。是不名菩薩。何以故。如來說莊嚴佛土者。即非莊嚴。是名莊嚴。須菩提。若菩薩通達無我法者。如來說名。真是菩薩。

一體同觀分第十八

須菩提。於意云何。如來有肉眼不。如是。世尊。如來有肉眼。須菩提。於意云何。如來有天眼不。如是。世尊。如來有天眼。須菩提。於意云何。如來有慧眼不。如是。世尊。如來有慧眼。須菩提。於意云何。如來有法眼不。如是。世尊。如來有法眼。須菩提。於意云何。如來有佛眼不。如是。世尊。如來有佛眼。須菩提。於意云何。如恆河中所有沙。佛說是沙不。如是。世尊。如來說是沙。須菩提。於意云何。如一恆河中所有沙。有如是沙等恆河。是諸恆河所有沙數。佛世界如是。寧為多不。甚多。世尊。佛告須菩提。爾所國土中。所有眾生。若干種心。如來悉知。何以故。如來說諸心。皆為非心。是名為心。所以者何。須菩提。過去心不可得。現在心不可得。未來心不可得。

法界通化分第十九

須菩提。於意云何。若有人滿三千大千世界七寶。以用布施。是人以是因緣。得福多不。如是。世尊。此人以是因緣。得福甚多。須菩提。若福德有實。如來不說得福德多。以福德無故。如來說得福德多。

離色離相分第二十

須菩提。於意云何。佛可以具足色身見不。不也。世尊。如來不應以具足色身見。何以故。如來說具足色身。即非具足色身。是名具足色身。須菩提。於意云何。如來可以具足諸相見不。不也。世尊。如來不應以具足諸相見。何以故。如來說諸相具足。即非具足。是名諸相具足。

非說所說分第二十一

須菩提。汝勿謂如來作是念。我當有所說法。莫作是念。何以故。若人言如來有所說法。即為謗佛。不能解我所說故。須菩提。說法者無法可說。是名說法。爾時慧命須菩提白佛言。世尊。頗有眾生。於未來世。聞說是法。生信心不。佛言。須菩提。彼非眾生。非不眾生。何以故。須菩提。眾生眾生者。如來說非眾生。是名眾生。

無法可得分第二十二

須菩提白佛言。世尊。佛得阿耨多羅三藐三菩提。為無所得耶。佛言。如是如是。須菩提。我於阿耨多羅三藐三菩提。乃至無有少法可得。是名阿耨多羅三藐三菩提。

淨心行善分第二十三

復次。須菩提。是法平等。無有高下。是名阿耨多羅三藐三菩提。以無我。無人。無眾生。無壽者。修一切善法。即得阿耨多羅三藐三菩提。須菩提。所言善法者。如來說即非善法。是名善法。

福智無比分第二十四

須菩提。若三千大千世界中。所有諸須彌山王。如是等七寶聚。有人持用布施。若人以此般若波羅蜜經。乃至四句偈等。受持讀誦。為他人說於前福德。百分不及一。百千萬億分。乃至算數譬喻所不能及。

化無所化分第二十五

須菩提。於意云何。汝等勿謂如來作是念。我當度眾生。須菩提。莫作是念。何以故。實無有眾生如來度者。若有眾生如來度者。如來即有我人眾生壽者。須菩提。如來說有我者。即非有我。而凡夫之人。以為有我。須菩提。凡夫者。如來說即非凡夫。是名凡夫。

法身非相分第二十六

須菩提。於意云何。可以三十二相觀如來不。須菩提言。如是如是。以三十二相觀如來。佛言。須菩提。若以三十二相觀如來者。轉輪聖王。即是如來。須菩提白佛言。世尊。如我解佛所說義。不應以三十二相觀如來。爾時世尊而說偈言。若以色見我。以音聲求我。是人行邪道。不能見如來。

無斷無滅分第二十七

須菩提。汝若作是念。如來可以具足相故。得阿耨多羅三藐三菩提。須菩提。莫作是念。如來不以具足相故。得阿耨多羅三藐三菩提。須菩提。汝若作是念。發阿耨多羅三藐三菩提心者。說諸法斷滅。莫作是念。何以故。發阿耨多羅三藐三菩提心者。於法不說斷滅相。

不受不貪分第二十八

須菩提。若菩薩以滿恆河沙等世界七寶。持用布施。若復有人。知一切法無我。得成於忍。此菩薩勝前菩薩所得功德。何以故。須菩提。以諸菩薩不受福德故。須菩提白佛言。世尊。云何菩薩不受福德。須菩提。菩薩所作福德。不應貪著。是故說不受福德。

威儀寂靜分第二十九

須菩提。若有人言。如來若來。若去。若坐。若臥。是人不解我所說義。何以故。如來者。無所從來。亦無所去。故名如來。

一合理相分第三十

須菩提。若善男子。善女人。以三千大千世界。碎為微塵。於意云何。是微塵眾。寧為多不。須菩提言。甚多。世尊。何以故。若是微塵眾實有者。佛即不說是微塵眾。所以者何。佛說微塵眾。即非微塵眾。是名微塵眾。世尊。如來所說三千大千世界。即非世界。是名世界。何以故。若世界實有者。即是一合相。如來說一合相。即非一合相。是名一合相。須菩提。一合相者。即是不可說。但凡夫之人。貪著其事。

知見不生分第三十一

須菩提。若人言。佛說我見。人見。眾生見。壽者見。須菩提。於意云何。是人解我所說義不。不也。世尊。是人不解如來所說義。何以故。世尊說我見。人見。眾生見。壽者見。即非我見。人見。眾生見。壽者見。是名我見。人見。眾生見。壽者見。須菩提。發阿耨多羅三藐三菩提心者。於一切法。應如是知。如是見。如是信解。不生法相。須菩提。所言法相者。如來說即非法相。是名法相。

應化非真分第三十二

須菩提。若有人以滿無量阿僧祇世界七寶。持用布施。若有善男子。善女人。發菩提心者。持於此經。乃至四句偈等。受持讀誦。為人演說。其福勝彼。云何為人演說。不取於相。如如不動。何以故。一切有為法。如夢幻泡影。如露亦如電。應作如是觀。

佛說是經已。長老須菩提。及諸比丘。比丘尼。優婆塞。優婆夷。一切世間。天人阿修羅。聞佛所說。皆大歡喜。信受奉行。

《金剛經》不只用文字安慰眾生，也可以聆聽，
在聽覺裡領悟自己心跳或呼吸的頻率。
共讀鳩摩羅什的漢譯本《金剛經》，
在四個字的平衡音節裡，修行祝福與感謝。

手機掃描聆聽
蔣勳讀誦全本《金剛經》

如是我聞：金剛經筆記／蔣勳作 .-- 初版 .-- 臺北市：
遠流 ,2025.03
面； 公分
ISBN 978-626-418-134-1（平裝）
224.517 114002473

如是我聞 金剛經筆記

總策畫	蔣勳文化基金會
作者	蔣勳
資訊統籌	林則佑
專案總編輯	曾文娟
美術設計	林秦華
攝影及圖片提供	蔣勳文化基金會、羅正傑、莊豐賓、魯燕蓉、林煜幃、簡博襄
法律顧問	邵瓊慧律師
副總編輯	鄭祥琳
行銷企劃	鍾曼靈
出版一部總編輯暨總監	王明雪
發行人	王榮文
出版發行	遠流出版事業股份有限公司
地址	臺北市中山北路一段 11 號 13 樓
電話	（02）25710297
傳真	（02）25710197
郵撥	0189456-1
著作權顧問	蕭雄淋律師
2025 年 3 月 25 日	初版一刷
2025 年 8 月 10 日	初版六刷
定價	新臺幣 350 元（缺頁或破損的書，請寄回更換）

ISBN 978-626-418-134-1

YL 遠流博識網 http://www.ylib.com E-mail: ylib@ylib.com